令和４年公表
「公用文作成の考え方」の
ポイントと文例

八木 欣之介　著

（慶應義塾大学名誉教授
元　内閣法制局参事官）

新日本法規

はしがき

新しい「公用文作成の考え方」が令和4年1月11日に公表された。昭和27年の「公用文作成の要領」以来、70年ぶりで現代社会における公用文作成の手引きとして、文化審議会から建議されたものである。

その内容は、これまで行われてきた公用文作成の現状に対して大きな変更を求めるものではない。旧要領が時代にそぐわないものになっていたので、現在の公用文は、旧要領よりも変化して進んだものとなっている。新しい「公用文作成の考え方」は、現在の公用文の在り方とそれほど異なるものではなく、これまでの公用文に関する既存のルール、慣用や実態に基づいて、表記、用語、文章の在り方等について留意点をまとめたものである。しかし、そこに示された考え方には多くの参考になるものがあると思われる。

「公用文作成の考え方」によって何が変わったのか、何が新しく示されたのか、公用文作成に当たって戸惑う方もいることと思う。本書では、そんな方のために「公用文作成の考え方」を分かりやすく説明することに努めた。

「公用文作成の考え方」の構成は、次のようになっている。

基本的な考え方

Ⅰ　表記の原則

Ⅱ　用語の使い方

Ⅲ　伝わる公用文のために

本書では、これを読者が理解しやすいよう再構成して説明する。

この「公用文作成の考え方」の特色としては、次のようなことが挙げられる。

1　公用文を①法令、②法令に準ずる告示・通知等、③記録・公開資料等、④解説・広報等に分類し、この分類を意識した公用文作成の考え方を示している。

特に、解説・広報等では、分かりやすく親しみやすい書き表し方を積極的に認める。

2　公用文は『読み手とのコミュニケーション』であると捉え、読み手に理解され、信頼され、行動の指針とされる文書作成を求めている。また、多様化する読み手に対応することが必要とされる。

3　法令も広い意味の公用文であるが、この「公用文作成の考え方」の対象とはしていない。法令については、「法令における漢字使用等について」（平成22年内閣法制局長官決定）のほか、立法慣行により一定の基準が確立していることによるとしている。

これまで法令文と一般の公用文の表記のルールを統一する努力が払われてきたが、今回は、法令及びそれに準ずるものとそれ以外の公用文、特に解説・広報等とは、表記法が一部異なるものとなる結果となった。

この「公用文作成の考え方」で示されていることのうち、筆者が注目すべきと思うことは、次の3点である。

1　読点は「、」か「,」か、という問題にピリオドを打ったこと。

2　「障害者」の表記は、今後の課題とされていること。

3　日本人の姓名をローマ字で表記するときは「姓─名」の順とすること。

このうち２と３は、この「公用文作成の考え方」により新たに示されたものではないので、読者にとっては既にご承知のことかもしれない。

なお、文中いくつか筆者の批判的な意見も加えているが、よりよい公用文作成のための手掛かりとなることを期待するためのものであるとご理解していただき、お許しいただくようお願いする。これらの意見にわたる部分は、あくまで筆者の私見であり、かつて所属した内閣法制局その他の組織の考え方ではない。

また、本文中「(太字は筆者)」等の表記があるが、これは読者の注意を引くために筆者が記したものである。

最後に、新日本法規出版株式会社の小金井敏行氏に筆者の遅筆とパソコン操作の不慣れのため多大なご迷惑をかけたことをお詫びしそのお心配りに感謝申し上げるとともに、昔の同僚である元内閣法制局第一課長上倉真澄様に資料提供や助言を賜ったことに深く感謝する。

令和４年７月

八木　欣之介

目　次

第4章　表記のルールの変更

附　録

第１章　新しい公用文のために

第１　新しい「公用文作成の考え方」

1　読み手とのコミュニケーションとしての公用文

ポイント

① 公用文は、読み手とのコミュニケーション
　―公用文は、行政機関が一方的に情報を伝える文書ではない。受け取って読む相手が何を考えるかを想像して書く。

② 多様な読み手に配慮
　―専門的知識を有しない読み手に配慮する。

③ 解説・広報等は親しみやすい表記法で
　―解説・広報等は、定められた表記法にこだわらず、親しみやすい表現にする。

説　明

(1)　新しい「公用文作成の考え方」

「公用文作成の要領」（昭和27年内閣官房長官依命通知）（以下「旧要領」という。）が70年ぶりに改訂され、新しく「公用文作成の考え方」と「『公用文作成の考え方（文化審議会建議）』解説」とが公表された。

本書では、この新しい「公用文作成の考え方」の内容を説明する。その際、「『公用文作成の考え方（文化審議会建議）』解説」（以下「解

説」という。）を引用する場合には、(2)のように、単に二重かぎ括弧（『　』）を用いて示すこととする（特に断り書きをしたとき及び「例」として示した箇所を除く。）。

「公用文作成の考え方」では、旧要領とは異なり、最初に公用文の基本的な考え方として、①公用文作成の在り方、②読み手に伝わる公用文作成の条件を示している。

(2) 読み手とのコミュニケーション

まず①公用文作成の在り方としては、『読み手とのコミュニケーションとしての公用文作成』が求められている。

『公用文は、伝えたいことを一方的に書き連ねるものではない。文書を受け取って読む相手がいることを意識し、読み手が何を知りたいと考えているのかを想像しながら作成する必要がある。』

そして、以下に述べるように、公用文は、どのように作成すべきか、読み手はどのような対象か、どのような手段・媒体を選択するか、等について述べている。

ア 読み手に理解され、信頼され、行動の指針とされる公用文

「解説」では、まず公用文の意義について『国の府省庁による行政は、主に文書によって実施される。国民の生活に影響するルールや指針を示し、また、それに伴う必要な行為を要請するのも、文書によることが多い。そして、そういった文書の目的や意義をより親しみやすく伝えるために、解説や広報などの文書が別に示される場合もある。』

また、『これら府省庁において職務上作成される文書の全体を指すのが「公用文」である』とした上で、『公用文は、読み手に過不足なく理解され、また、信頼され、それによって必要な行動を起こすきっかけとされるべきである。文書をどのように作成するかは、そのまま行

政への信頼の度合いにつながるとも言える』とする。

すなわち、公用文が読み手とのコミュニケーションであるという本質に基づき、公用文の作り手に対して、読み手にとって『①**過不足なく理解され**、②**信頼され**、③**行動の指針**とされる文書』であることを、公用文に望まれる三つの要素としている。（丸数字及び太字は筆者）

そこで、この三つの要素の内容について考えると、

① 『過不足なく理解され』るとは、これまであらゆる文章において求められてきた「分かりやすく」とほぼ同じと考えることができるように思われる。

② 『信頼され』るとは、個々の公用文の書き方によって直ちに得られるものではないが、ここでは公用文の基礎として従来から言われてきた「正確さ」を求めるものとして理解することができるかもしれない。

③ 読み手の『行動の指針とされる』という点は、今回の「公用文作成の考え方」による新しい要素である。

この要素は、公用文が、文学作品のように単に娯楽や鑑賞の対象として読まれるものではなく、行政活動の手段として用いられるものであるから、それに基づいて読み手が何らかの必要な行動を起こすことにつながることが期待されるということであろう。

例１　行動の指針となるべき公用文の例

ジェネリック医薬品を使ってみませんか

ジェネリック医薬品は安心かつ低価格です。

安　心－「品質」、「効き目」、「安全性」は先発医薬品と同等であると国が認めています。

低価格－先発医薬品よりお薬代が安くなります。

元の広報紙では､文字の色も変えて人を惹きつける工夫をしており、文章も分かりやすい。しかし、そもそもジェネリック医薬品とは何であるのかという説明はなく、また使ってみるためにはどうすればよいのかということについても十分解説されているとは言い難い。広報文としていろいろ工夫がなされているにもかかわらず、行動の指針とされる公用文としての要素に配慮が足りない例である。

以上を要約して再論すると、公用文は、①**分かりやすく**、②**正確で**、かつ、③読み手がそれに基づいて**必要な行動を起こす**ことにつながるものでなければならない。

実際の公用文に作成に当たって、具体的にこのような考え方によって作成するのは簡単なことではないが､このうちでも特に読み手の『行動の指針とされる』という要素は、新しい発想による指摘であり、公用文に求められる新しい要素を示したものである。

イ　多様化する読み手への対応

『読み手となる人々は、かつては想定されなかったほどに多様化している。これからは、例えば、ふだん文書に触れることが少ない人などへの配慮が、ますます重要になると考えられる。』

行政の役割の拡大に伴い、公用文も多様化している。公用文の読み手も、公用文の多様化に応じて読み手も多様化する。そうした多様な読み手に配慮して公用文作成に当たることが重要になっている。

この公用文の多様性と読み手の多様性については､後記２で述べる。

そして、特に『広く一般の人たちに向けた解説や広報においては、義務教育で学ぶ範囲の知識で理解できるように書くよう努める』としている。

しかし、このことは、解説や広報だけではなく、全ての公用文に共通するものと考えるべきであろう。法令文であっても、専門的知識を持つ者だけが理解できるものであってはならない。

ウ　地方公共団体・民間の組織にも活用される

『国が示す公用文は、地方公共団体や民間の組織等によって、広く子供から高齢者まで読む文書に、更には日本語を母語としない人々などに向けた平易で親しみやすい日本語に、書き直されることも多い。』

この点については異論がないものと思う。

「解説」では、多様な読み手として、広く子供から高齢者までのほか、『**日本語を母語としない人々**』を挙げている。近年経済のグローバル化等に伴い、外国から来て日本で働く人や様々な目的で滞在する人が増加している。そのような人々にも公用文を読んでもらう機会は増えている。それらの人々にとって、通常の日本人における日本語の常識が通じない心配がある。そのためには、公用文の表現にも特別な工夫が必要であろう。　（太字は筆者）

日本語を母語としない人々に対する公用文の在り方の問題は、この「公用文作成の考え方」で新しく提起された課題であり、これについては、後記６で説明する。

エ　解説・広報等は、より親しみやすい表記法で

『法令や告示・通知等では、公用文表記の原則に従う必要がある。ただし、広く一般に向けた解説や広報など、文書の目的や対象となる読み手によっては、国の府省庁等が作成する文書であっても、公用文表記の原則とは異なる表記を用いる方が効果的な場合がある』として、具体的には『**常用漢字であっても使用を控えたり**、あえて**振り仮名等を付けたり**するなどの工夫ができる』としている。　（太字は筆者）

例2　独自の表記法を用いている広報文の例

> 金曜ヨガ教室
> 　つかれから解放されストレスフリーな時間をすごしませんか
> 　ふかい呼吸と深層部の筋肉を意識していきます
> 　静と動のポーズの組み合わせで、からだもこころもスッキリ

漢字と仮名の使い分けや送り仮名の付け方等に独自の工夫が見られる文章である。広報文としては許容される例であろう。

広報文が柔軟な表記法によることはあり得ると思われるが、一般的に言えば、広報文の表記のルールが他の公用文の表記法と異なるルールによるものとすることは適切とは考えられない。必要に応じた表記が認められるとしても、なぜここで例外的なルールによるのかを十分検討の上で、例外的なものとして表記法を選択すべきものと考える。原則と例外の区別は、はっきりさせておくことが必要である。

「解説」でも『一つの文書の中で、同じ用語に幾つもの表記が混在することがないようにする』とし、また、『個人の判断に頼らず、各部署で表記に関する考え方を共有しておく』ことを求めている。

オ　有効な手段・媒体の選択

『近年、国の府省庁の情報発信は、ウェブサイトを中心に行われる傾向がある。しかし、インターネットで広く公開すれば十分というわけではない。対象となる読み手にとっての利便性に配慮し、無理なく情報を受け取ることができる手段・媒体を選択するよう務める。その際、障害のある人たちをはじめ、誰もができるだけ公平に情報を入手できるよう配慮し、例えば、機械による音声読み上げ等にも対応するよう努める。』

新しい媒体には慣れていない高齢者やそのような媒体を扱えない障

害者もいる。多様な読み手に配慮した媒体の選択が必要である。

具体的には、ホームページやSNSなど新しいメディアに移行するだけでなく、従来のような刊行物やパンフレットなどの紙媒体による情報を併用することがこれからも必要であり、更により便宜な手段を活用することが工夫されなければならない。

なお、『どのような手段・媒体を用いる場合にも、書き手の立場や文書で取り上げる施策等を**所管する機関や部局を明示し、責任の所在を明らかにして**おく』ことが求められていることを付記する。

（太字は筆者）

2　公用文の多様性

ポイント

①　公用文は多様化している
　㋐　作成主体の多様性
　㋑　目的の多様性
　㋒　読み手の多様性
　㋓　媒体の多様化
②　多様な目的、多様な読み手、多様な媒体にふさわしい書き方が求められる

説　明

(1)　公用文の範囲

公用文とされるものの範囲は広い。

旧要領では公用文の定義や分類をしていなかったが、今回、「公用文作成の考え方」では『府省庁において職務上作成される文書の全体を指すのが公用文である』としている。

「解説」では『「公用文」とされるものの範囲は、これまで厳密に定められてきたわけではない』とした上で、『各府省庁において業務上作成される文書類の全てを指して使われることもあれば、法令をはじめ、内外に対して一定の拘束力や影響を及ぼす告示や訓令、法令に基づいた通知等のことに限っていう場合も見られる』とする。

その上で、『公用文の分類例』（後記3の表参照）を示し、『表に示した分類例は、便宜的なものであり、必ずしも明確に区分できるものではない』としている。

なお、「解説の見方」として、『法令は、広い意味では公用文の一部であるが、建議において直接の対象とはしていない』としている。

公用文の範囲を広く捉えようとする場合、次のような要素からその多様性を見ることができる。①作成主体の多様性、②目的の多様性、③読み手の多様性、④媒体の多様化等である。それぞれについて、その様相を見ることとする。

(2)　公用文の作成主体

公用文の範囲については、「公用文作成の考え方」では、前述のように『(国の) 各府省庁において業務上作成される文書』を対象としているように見受けられるが、それは作成の主体に関しては狭すぎると思われる。

国の機関のうち裁判所や国会の作成する文書を公用文から除外することは考えられない。また、地方公共団体や政府関係機関の作成する文書も、当然公用文に含まれるべきものであろう。さらに、私人が作成する文書であっても、行政機関に提出する様々な申請書や要望書等は広義の公用文に含めてよいものと考えられる。

公用文の作成主体を広く捉え、府省庁のみならず、裁判所や国会、政府関係機関、地方公共団体、さらに、私人も作成主体となり得るものであることを考慮して、公用文作成について考える必要がある。

(3)　目的の多様性

公用文の範囲が広いものであるため、そのような公用文が作成される目的も広いものとなる。

公用文の作成目的としては、次のようなケースが考えられる。

ア　公用文作成が行政活動そのものである場合

法令の制定や通達の作成のように、文書の作成自体が行政活動そのものである場合がある。法令や通達の作成のほかにも、行政上の契約の締結の場合の契約書の作成も同じである。

イ　公用文を行政運営の手段とする場合

通知その他の各種の往復文書は、行政運営のための手段として用いられる。起案や復命書などの内部文書も、やはり行政を実施していくための手段である。

ウ　行政の記録として公用文を作成する場合

今日では、国民と行政とのつながりが重視され、説明責任や行政の透明性が求められている。そのため、白書、会議録、議事録、統計資料等、様々な分野での行政の記録を残すことが重要となっており、このような目的に基づいて公用文が作成されることが増えている。

エ　行政と国民をつなぐ方法として用いられる場合

民主国家において国民の国民による国民のための政治が実現するためには、政治の下で行われる行政は、国民により理解され、国民がそれにより行動を起こし得るものである必要がある。そのため、法令・政策等の解説、広報、お知らせや質問への回答等の必要は増大している。

以上のような公用文作成の目的の違いから、正確さが求められる法令文と、読み手の理解を優先する広報文では書き方が異なってくる。この目的の違いが文章の書き方に影響をもたらす一例として、白書と広報の文章を比べてみよう。

例１　白書の文章の例

> 国内総生産（支出側。名目。以下同じ。）のうち、中央政府、地方政府、社会保障基金及び公的企業からなる公的部門は、家計部門に次ぐ経済活動の主体として、資金の調達及び財政支出等を通じ、資源配分の適正化、経済の安定化等の重要な機能を果たしている。その中でも、地方政府は、中央政府を上回る最終支出主体であり、国民経済上、大きな役割を担っている。

例２　広報の文章の例

> **緊急事態宣言が発出されました**
>
> 3度目となる新型コロナウイルス感染症にかかる緊急事態宣言が発出されました。
>
> 引き続き感染予防の徹底にご協力をお願いします。
>
> □　20時以降の不要不急の外出をしない
>
> □　混雑している場所や時間を避けて行動する
>
> □　感染対策が徹底されていない、休業・営業時間短縮の要請に応じていない飲食店等の利用を控える
>
> □　不要不急の都道府県間の移動は極力避ける

白書は公用文の表記法によっているが、広報はやや異なっていて、「です・ます」体と「である」体が併用されている。そのほかにも、漢字使用や句読点なども違いがある。

目的によって、公用文の書き方が異なってくることは当然のことであろう。

(4)　読み手の多様性

「公用文作成の考え方」では、『公用文の分類例』（後記３の表参照）の中で、その分類ごとに、想定される読み手を次のように挙げている。

①　『**法令**』の想定される読み手　　　　　『**専門的な知識がある人**』
②　『**告示・通知等**』の想定される読み手
　　　　　　　　　　　　　　　　　　　　『**専門的な知識がある人**』
③　『**記録・公開資料等**』の想定される読み手
　　　　　　　　　　　　　　　『**ある程度の専門的な知識のある人**』
④　『**解説・広報等**』の想定される読み手
　　　　　　　　　　　　　　　　『**専門的な知識を特に持たない人**』
（太字は筆者）

しかし、このような読み手についての単純な想定は、必ずしも妥当とは思われない。

法令は、専門家だけが見るものではない。市民生活に関係する法令、相続や取引等に関する法令は多くの人が読むものである。白書などの記録・公開資料等も、多くの人に利用されることを前提に作られる。専門的知識のない者でも、仕事の必要や個人的な関心を満足させるために読むことは多いと考えられる。一方、広報を読む人が専門的知識を持たないとは限らない。

このように公用文の分類に基づいて読み手の知識の程度を想定し、それによって公用文の表記法を変えることは適切とは思われない。

私見では、法令や記録・公開資料等は、何らかの業務や生活に**必要がある人**が読むものである。それに対し、広報等は、必ずしも**読む必要を感じていない人**あるいは**あまり関心のない人**にも読んでもらうためのものである。法令と広報等との読み手の違いはそこにある。したがって、読み手の専門的知識の有無が問題なのではなく、法令は必要があって読む人に正確に内容を示すことが重要であるのに対し、広報等は関心を持たない人にもどのように読ませるかという工夫が必要になってくるということが問題であろう。この問題は表記法のルールとは別の問題であるように思われる。　　　（太字は筆者）

このほか、日本語を母語としない人々に対する問題については前記1(2)ウでも触れたが、後記6で詳しく説明する。

(5)　媒体の多様化

前述の『公用文の分類例』の『手段・媒体の例』欄には、次のような媒体が挙げられている。

①　官　報
②　府省庁が発する文書
③　専門的な刊行物
④　府省庁による冊子
⑤　府省庁ウェブサイト
⑥　広報誌
⑦　パンフレット
⑧　府省庁SNSアカウント

伝統的な官公庁の文書を正式に公にする場合に用いられる官報のほか、府省庁の発する文書、専門的な刊行物や府省庁が発する冊子や、広報紙、パンフレットなどの紙媒体などに加えて、近年は府省庁のウェブサイトやSNSアカウントなどの電子媒体を用いた公用文も多くなってきている。

これ以外にも、公用文の媒体はいろいろとあるものと思われるが、いずれにせよ、多様な媒体を多様な読み手が利用できるように適切に用いることが必要である。そのために、それぞれの媒体に適した公用文の表現が考えられなければならない。

3　公用文の分類

ポイント

「公用文作成の考え方」では、公用文を次の4種に分類している。

①	法　令	法律、政令、省令、規則
②	告示・通知等	告示・訓令、通達・通知、公告・公示
③	記録・公開資料等	議事録・会見録、統計資料、報道発表資料、白書
④	解説・広報等	法令・政策等の解説、広報、案内、Q&A、質問等への回答

説　明

(1)　「公用文作成の考え方」における公用文の分類例

「公用文作成の考え方」は、公用文の分類例として次のような表を掲げている。

公用文の分類例

大別	具体例	想定される読み手	手段・媒体の例
法令	法律、政令、省令、規則	専門的な知識がある人	官報
告示・通知等	告示・訓令 通達・通知 公告・公示	専門的な知識がある人	官報 府省庁が発する文書
記録・公開資料等	議事録・会見録 統計資料 報道発表資料 白書	ある程度の専門的な知識がある人	専門的な刊行物 府省庁による冊子 府省庁ウェブサイト

解説・ 広報等	法令・政策等の解説 広報 案内 Q&A 質問等への回答	専門的な知識を特に持たない人	広報誌 パンフレット 府省庁ウェブサイト 同SNSアカウント

(2)　分類に応じた公用文作成の原則

「解説」では、法令を除いた3種の公用文について、分類に応じた公用文作成の原則の考え方を次のように説明している。

ア　告示・通知等

『法令に準ずるような告示や訓令等は、内外に対して一定の拘束力や実効性を持つものである。したがって、作成に当たっては、法令と表記を一致させるなど、法令に準じて扱う。』

『同様に、一定の拘束力や実効性を持つ通知や通達等においては、法令で用いる語をそのまま使うことによって、正確さを保証すべきものがある。これらも公用文表記の原則に従って書く。』

そして、『各府省庁が文書番号を付して発出するような文書は、おおむねここに分類される』としている。

イ　記録・公開資料等

『記録・公開資料等の例としては、議事録・会見録、統計資料、報道発表資料、白書が挙げられる。』

『これらにおいては、過去から将来にわたり、情報の正確さを保つことが重要である。したがって、公用文表記の原則に従うことを基本として作成すべきであろう』とする。

『ただし、内容や目的によっては、専門的な知識を持たない読み手を意識し、分かりやすい書き方が求められる場合がある。特に報道発表資料や白書では、必要に応じて法令に特有の用語をかみ砕いた表現に直すなど、専門的な知識を持たなくとも関心のある人々にどのように伝えるかを工夫したい』としている。

また、『話し言葉を書き言葉に直して保存する議事録や会見録では、元の内容を正しく保ちながら、簡潔に分かりやすくまとめるよう努める』としている。

ウ　解説・広報等

『解説・広報等は、法令や告示・通知等の内容を分かりやすくかつ親しみやすく伝えたり、各府省庁の施策や具体的な取組について広く周知したりすることを目的とする。したがって、全ての国民が読み手となり得ることを意識しておく。特別な知識を持たない読み手であっても理解できる言葉を使って、礼儀正しくかつ親しみやすく伝えるよう努めたい。法令や告示・通知等に特有の言葉遣いや表記をそのまま用いるよりも、必要に応じてより分かりやすい文書作成を行うよう工夫する。』

さらに、『より分かりやすくかつ親しみやすく伝えることは、施策に対する読み手の関心を引き出し、法令や告示・通知等にまで触れるきっかけやもっと知りたいという意欲へつながるものでもある』とし、『解説・広報等は、更に正確で専門的な知識を得るための入り口ともなることを意識しておきたい』と付言している。

(3)　公用文の分類を意識することの意義

「解説」では『公用文の分類を意識することの意義』として、次のようなことを付け加えている。

『国民の生活に直接的な影響を及ぼすルール等が告示・通知等によって示されることをはじめ、各府省庁の取組とその内容を広く公開するための記録・公開資料等も日々作成されている。』

『さらに、政策・施策の内容をより親しみやすく伝える解説・広報等の活動も盛んであり、今日では、SNS（ソーシャル・ネットワーキング・サービス）による発信に力を入れているところも多い。これからの時代においては、文書等を受け取る相手や伝達の手段・方法が更に多様になっていくことが予想される。』

これらのうち、『告示・通知等、法令に準ずるような文書では、特に正確さを重視し、今後も従来どおり、法令と一致した表記を用いることをはじめ、公用文の書き表し方の原則に従っていくべきであろう。』

一方、『主に広報などの分野で、多様な文書類それぞれの性格に応じた書き表し方の工夫が既に行われてきている。今後は、そういった考え方をあらかじめ共有していくことが望ましい。』

そのためには、各行政機関で『公用文を作成する際に参照できる表記例や用語例集を整え、共有するなどの工夫が望まれる。公用文の書き表し方の原則を理解した上で、読み手に応じた工夫の仕方を考えたい。』

ここで、公用文作成について、それぞれの機関が**新しい工夫を共有する**ことが求められている。これは、極めて重要な指摘である。

しかし、公用文の表記法を法令やそれに準ずる文書と広報等で二分するような考え方には、少し問題もあるようにも思われる。一人の同じ担当者が法令の作成と広報文の作成に当たることも考えられる。その際、担当者が余計な気を使って書き分けることを求めるようなルールは、変更作成に当たって過重な負担を求めることになるおそれがある。公用文作成の在り方としては、法令にも広報にも共通なルールを定め、その上で、文書の書き手が、多様な目的、媒体、読み手等に応じて柔軟な運用を図っていくことが望ましいと思われる。

そして、そのような工夫をそれぞれに共有することが、公用文の在り方を改善することにつながるものと思う。

(4)　示された分類例に収まりきらない公用文

以上の「公用文作成の考え方」における公用文の分類例に関する説明自体は妥当なものである。しかし、前記２でも述べたように、この公用文の分類例に収まりきらない公用文がいろいろとあると考えられる。

「告示・通知等」が法令に準ずるものとして分類されているが、法令に準ずる告示・通知等のほかに、法的効果を伴わない通知や依頼、協議、照会、回答など多くの文書が存在する。これらがどこに分類されるのか明確ではない。また、起案や復命書、事務引継書などの内部文書については、「解説」でも意識はされているように思われるが、この分類例のどこに入るのかはよく分からない。そのほか、官公庁で公務のために使われる文書で私人の作成したものをも公用文に含むべきものと考える。

更に重要な問題は、この分類が国の府省庁において作成される文書類のみを公用文として捉え、政府関係団体や地方公共団体を念頭に置いていないことである。今日、地方公共団体は国と共に行政の重要な担い手である。また、近年、政府関係団体の役割も重要性を増している。これらの団体や機関が作成する文書類も公用文として統一的に考えるべきであろう。もっとも、「公用文作成の考え方」が国の府省庁の作成する文書を対象としているのは、これを建議した文化審議会が国の機関であるので、地方公共団体の機関等の作成する文書について意見を述べる権限を有しないと考えているためかと思われる。

そのほかにも、行政機関の作成する文書だけではなく、裁判所の判決や、国会で制定される法律や決議等も、広義の公用文に含まれるものと考えられるが、それらについてはここで触れる必要はないかもしれない。

いずれにせよ、この分類例は一つの例にすぎず、「公用文作成の考え方」において、このように公用文を分類することの意味は、公用文の多様性を指摘し、それぞれの書き手が、公用文の表記の原則にとらわれず、公用文の多様性に応じた公用文の書き方を工夫すべきであるというところにあると思われる。

第2　読み手に伝わる公用文

4　正確に伝える公用文

ポイント

読み手に伝わる公用文の第1の条件は、「正確に」書くことである。

① 誤りがあれば率直に認めて直ちに訂正を

② 説明や注記を付ける

③ 厳密さを求めすぎない

説　明

「公用文作成の考え方」では、新たに、読み手に伝わる公用文の条件として次のようなことを挙げる。

① 正確に書く

② 分かりやすく書く

③ 気持ちに配慮して書く

読み手に伝わる公用文の第1の条件は、『**正確に**』書くことである。そのために、「公用文作成の考え方」に次の5項目が挙げられている。その5項目について、「解説」に従って説明する。　(太字は筆者)

(1) 誤りのない正確な文書の作成

『正確に書くとは、必要な内容を誤りなくかつ過不足なく伝えることである。読み手に届けるべき情報を、意図するとおりに、誤解なく伝えるよう努める。公用文の内容に誤りや不正確な情報があってはならない。公用文は、いつでも正確であるという前提で受け取られるものである。』

このことはなかなか困難なことである。誤りや不正確な情報があってならないのは当然であるが、文章としては正しくても、読み手に全く誤解されないということは保証されない。

公用文作成に当たっては、見直し、読み合わせ、校正等の過程が必要である。それでも誤りを犯す可能性はある。常に誤りなく伝えるということは難しい。

誤りを発見するためには、絶えない努力が必要である。①**先入観を捨て**て何度も見直すこと、②疑問を感じたら必ず**調べ直す**こと、③複数の人によるチェック等、**目を変えて見る**こと、などが必要であろう。

(2)　誤りがあったときの措置

『十分な注意を払ったにもかかわらず誤りが見付かった場合には、必要な説明をするにとどめ、率直に認めて直ちに訂正する。』

例１　訂正文の例

> ○月○日付広報中「障害者の方が暮らす住まいのセミナー」の「申込み締め切り日」に誤りがありました。正しくは「××月××日」です。お詫び申し上げます。

例２　正誤表による訂正の例

> ◆訂　正
> ○○○のうち次の表の「訂正箇所」の欄に掲げる箇所中の「誤」の欄に掲げる字句を「正」の欄に掲げる字句に改める。

訂正箇所	誤	正
○○ページ○行目	○月○日	×月×日

誤りがあれば直ちに訂正すべきであることは当然である。

一般的によく見受けられる問題としては、重要な誤りがあったにもかかわらず、訂正文は片隅に小さく目立たないように記されていることがある。訂正は、はっきりと見出しを付けて、元の記事の読み手が気付きやすいようにすることが必要である。

(3)　実効性のある告示・通知等の扱い

『公用文の中でも、国民に対して一定の影響力を発揮する告示・通知等は、法令と同様に、何よりも正確であることが求められる。したがって、従来の公用文の書き表し方を守り表記の揺れを防ぐとともに、誤読されたり複数の意味に解釈されたりするおそれのない書き方をするよう努める。

同じく、統計や調査等の結果を示す場合にも、第一に正確であることを期し、データやその示し方に誤りがないように確認する。ただし、多くの人にとってなじみがないと思われるような表現を用いる場合には、適宜、用語の説明や注を付けるなどの工夫を加える。』

例３　なじみがない表現には説明や注記を付ける例

> 自宅療養者の命を守るためBCP（業務継続計画）＊を発動し、普及の業務の一部を当面停止させていただきます。
>
> （以下略）
>
> ＊BCP（業務継続計画:Business Continuity Plan）自然災害や感染症の流行、テロ攻撃などの危機的状況において、中核となる事業の継続や早期の復旧を図るための計画

(4)　基となる情報の内容や意味を損なわない

『広報等を通じて、法令や告示・通知等の情報を広く一般の人たちに分かりやすく解説することは、国の府省庁の大切な役割となってい

る。法令や公用文に用いられる表現や語句には、多くの人にとって難解なものが含まれやすい。法令や公用文に特有の用語や表現等についてよく理解した上で、分かりやすく言い換える際にも正確さを保つことを意識し、基となる情報の内容や意味を損なわないようにする。』

法令特有の用語の例としては、「善意（ある事実を知らないこと）・悪意（ある事実を知っていること）」や「社員（社団法人等の構成員）」などがある。これらについては第３章２で述べる。

『解説・広報等では、基になっている法令や告示・通知等の情報に関する資料を読み手が参照できるようにする。ただし、記事の冒頭で法令等をそのまま提示することはむしろ読み手の負担になる場合が多い。代わりに、別のページやリンク先へ案内するよう配慮し、必要とする人が適宜情報を得られるようにしておく。』

例４　冒頭で法令を提示する例

令和元年12月に施行された成育過程にある者及びその保護者並びに妊産婦に対し必要な成育医療等を切れ目なく提供するための施策の総合的な推進に関する法律（平成30年法律第104号）に基づき、妊娠期から子育て期に至るまでの切れ目ない支援の在り方の検討などを推進する。

この例は、内容に乏しい文ではあるが、文章として特に分かりにくいものではない。しかし、法律の題名があまりも長いので、一見しての理解が困難になっている。施策の内容をまず書き、法令の根拠は後に表記することがよいものと思われる。

例５　基になる法令等を参照できるようにする例

（前略） 詳細については、次のホームページ：http://www.…を参照のこと。

(5)　厳密さを求めすぎない

これは、「公用文作成の考え方」による、新しい指摘である。

『専門家同士であれば、難しい用語や詳しいデータをそのまま用いることによって正確な伝え合いが可能となる。しかし、専門的な知識を特に持たない人に対してはそのままでは伝わらない。正確さは厳密さと密接に関わるが、ただ厳密であればよいというものではないことに注意したい。伝えるべき内容は取捨選択し、文書の目的に照らして必要となる情報に絞って、その範囲を正確に書くよう努める。』

5　分かりやすく伝える公用文

ポイント

読み手に伝わる公用文の第2の条件は、「分かりやすく」書くことである。

①　伝えることを絞る
②　遠回しな表現・曖昧な用語を避ける
③　専門用語や外来語は言い換えを工夫する
④　図表等を活用する

説　　明

『分かりやすく』書くことは、正確に書くことと並んで公用文作成の最も重要な条件である。「公用文作成の考え方」の掲げる6項目について、「解説」に従って説明する。

(1)　読み手が十分に理解できるように工夫する

『公用文は、誰にとっても分かりやすいものであることが理想である。中でも、解説・広報等に当たる文書など、専門的な知識を特に持たない人々に向けた情報では、分かりやすさを重視する。』

『分かりやすい文書とは、読み手が内容を十分に理解できるように、①伝える内容を絞り、②専門用語などは言い換えたり③具体例を用いたりするなど、表現を工夫して伝えるものである。』（丸数字は筆者）

『文書が平易に書かれていたとしても、読み手が欲しいと思っている情報が提供されていなければ、意味を成さない。発信者の視点からだけではなく、読み手の求めていることが何であるのかに配慮した内容とするよう努める。』

「解説」による以上の指摘は、極めて適切なものである。しかし、一般的に言えば、現実の公用文の読み手は多種多様であり、求めていることが何であるかということも一様でなく、極めて困難な場合が多いことも認識しておくべきであろう。

(2) 伝えることを絞る

『分かりやすさが重視される文書では、優先して伝えるべき情報を絞り込んでおく。文章の分量が増えると、分かりやすさは失われる。過不足や誤りがないよう十分に留意した上で、読み手のうちの多くが共通して必要とする事柄を優先して提示するよう工夫する。』

第2章3に見るように、「公用文作成の考え方」では、文の書き方として『**一文を短く**』『**一文の論点は一つにする**』こと等を求めている。

『正確に誤りなく書こうとする意識が強いと、持っている詳細な情報までを全て詰め込もうとしてしまいがちである。まずは伝える情報を厳選するよう心掛け、副次的な情報は、別のページで対応するとよい。』 （太字は筆者）

以上の指摘も適切なものである。分かりやすさを重視する場合、①優先して伝えるべき情報を絞り込んでおく。②全てを分かりやすく一箇所に盛り込むことは難しいので、副次的な情報は別途説明する。

ただ、前述のように何が知りたいのかは人によって違うこともあるので、何を優先するのか、絞り込む基準を十分検討することが大切になるだろう。

(3) 遠回しな書き方は避ける

『伝えるべき重要なことは、はっきりと述べる。読み手にとって負担となるような事柄（例えば税金や保険料の支払、新型コロナウイルス感染防止のために気を付けるべきこと等）を伝える場合であったとしても、周辺にある事柄や、例外的なものから説明することは避ける。』

『主旨をできるだけ明確に示すようにし、読み手に察してもらわないと伝わらないような書き方はしない。』　（括弧書は筆者）

読み手が迷う曖昧な言葉は使わない。

例１　曖昧な用語の例

多めに 午後2時ごろ いくつか

(4)　専門用語や外来語をむやみに用いない

『公用文では、法令に関する①専門用語や、②行政に特有の言い回しなどがよく用いられる。また、多くの人にとっては理解しにくい③外来語も現れやすい。これらが文書を分かりにくくする原因となる場合がある。必要に応じて別の言葉に言い換えたり、説明や注を付けたりするなど、読み手に分かりやすく通じるよう工夫する。』

（丸数字は筆者）

専門用語の扱いについては第３章２で説明するが、そこに挙げられている例のように、『埋蔵文化財包蔵地』は、『文化財が埋まっている状態の土地』を表す文化財保護法に基づく専門用語であるが、『遺跡』という一般的な言葉に置き換えて問題がない場合も多い。

法令における専門用語としては、前記４でも触れたが、有名なものに『善意』『悪意』や会社法の『社員』などがある。また、医療における専門用語として『清潔』や『雰囲気』が挙げられている。

また外来語を多く用いていることも、公用文を分かりにくくする要素である。新しい概念や考え方はそれに当たる適切な日本語がなく、外来語をそのまま用いてしまうことがあるが、広く多様な読み手に対して伝える公用文としては、できる限り避けるべきものである。

例２　外来語を多く用いた文章の例（自治体の長期戦略に関する広報）

コア・プロジェクト
デジタルシフト
　　行政サービスをデジタル化…
　　（以下略）
オープンガバメント
　　協働により社会課題を解決…
　　（以下略）
ワークスタイルイノベーション
　　組織内部の生産性を向上…
　　（以下略）

　このような外来語への対応については、第３章３で述べる。

(5)　図表等によって視覚的な効果を活用する

『言葉だけでは分かりにくい場合など、必要に応じて、①図表や②イラスト、③ピクトグラム（絵記号）等を用いて視覚的な効果を活用する。また、文書のレイアウトを工夫するとともに、使用する文字のデザイン、太さ、色などを適切に選択する。』　　　（丸数字は筆者）

　なお、図解する場合の注意を言えば、物事を単純化して図にすると、実際には例外的な問題が表現されなくなることもあり、誤解が生ずることもある。図解すれば何となく分かったような気になるが実際は分かっていないということもあり得る。分かるということと分かった気になることとは別である。

　誰にでも分かりやすく書こうとするあまり、かえって誤解を招くおそれがあることに注意しなければならない。

例3　いろいろな絵文字の例

このような絵文字は、副次的に添えるのは差し支えないが、それだけでは意図が伝わらないこともあり、誤解を生むおそれもある。用い方には注意することが大切である。

(6)　正確さとのバランスをとる

『理想としては「**分かりやすく正確な**文書を作成する」ことを目指したい。ただし、読み手にとって分かりやすく書こうとすることと正確さを保つこととは、自然に両立すると言えない面がある。例えば、分かりやすくしようとする余り、誤解を招きやすいたとえや比喩を用いるなどした結果、正確さが損なわれてしまう場合がある。誇張された情報がないか、必要な情報までを省いていないか等、十分点検する。』

（太字は筆者）

6　多様な目的にふさわしい公用文

ポイント

読み手に伝わる公用文の条件に、「多様な目的にふさわしく」書くことがある。

① 相手が誰であるかに留意

② 日本語を母語としない人々に配慮

③ 敬語の使い方

　㋐ 尊敬語は「(ら) れる」を標準に

　㋑ 丁寧語は「です・ます」が基調

説　明

(1) 文書の目的や種類、読み手にふさわしい書き方

「公用文作成の考え方」では、読み手に伝わる公用文作成の第3の条件『気持ちに配慮して書く』の中で『ア　文書の目的や種類、読み手にふさわしい書き方をする』としている。

このような指摘は旧要領にはなかった新しいものである。

ここでは、『公用文の読み手は、今後ますます多様になっていくと考えられるため、読み手が誰であるのかを常に考えながら書くことが必要となる。むしろ、読み手が限定されない場合が多いと考え、広く通用する言葉を使う意識を持っておくとよい。』とする。

一方、『Ⅱ　用語の使い方』の中で、『6　文書の目的、媒体に応じた言葉の使い方』として論じている。これは、上記の『文書の目的や種類、読み手にふさわしい書き方』とつながるものである。この問題は、単に用語の問題ではなく、公用文の書き方一般に関わる問題なので、

読み手に伝わる公用文作成のための条件として、ここで説明を行うこととする。

ア　相手が誰であるかに留意

文書の対象となる相手によって書き方を変えることが求められる。

『文書には必ず目的があり、目的が違えば期待される書き方も異なる。法令に準ずるような文書や、府省庁間でやり取りする文書と、広く一般向けに書かれる文書とでは、読み手が違うということをまず意識しておく。』

『例えば、府省庁内でよく用いられる「喫緊の課題」「可及的速やかに」などといった用語は、広く一般に向けた解説・広報等では「すぐに対応すべき重要な課題」「できる限り早く」などと言い換える。』

そのほかにも、議会や行政機関などでよく用いられる表現には多くのものがある。私見では、このような役所内部で用いられる表現は、広報や解説のみならず、一般の公用文においても（府省庁間の文書であっても）用いないことが望ましいと考える。

例１　役所内部で用いられる表現の言い換えの例

喫緊の課題　⇒　直ちに対応することが必要な課題
可及的速やかに　⇒　できるだけ早く
善処されたい　⇒　適切な対応をとられるよう希望する
即応して　⇒　（事態・情勢）の変化に対応して
（本来の意味は「直ちに対応する」ことであると思われるが、上記の意味でよく用いられている。）

（注）　私見だが、「喫緊」には「重要」の意味はなく、「可及的」は「なるべく」という感じで軽く使われると思われるため、「例」のように表現した。

イ　日本語を母語としない人々に対する表現の工夫

『日本に住む外国人は、年々増加しており、その国籍も多様化している。日本語を母語としない人たちが日本で安全に安心して生活するためには、国や地方公共団体からの広報等を正しく理解することが必要である。多言語化の取組が進む一方で、聞き取りやすく読みやすい日本語（やさしい日本語）を使った情報の発信を希望する外国人が7割を超えているという調査結果もある。日本語を母語としない人々に対する情報発信においては、やさしい日本語を用いるようにする。』

『また、日本人に向けた文書であっても、地方公共団体や民間の組織を通じて、外国人向けに平易で親しみやすい日本語に書き直されることがあることを意識し、あらかじめ簡潔に理解しやすく作成するよう心掛ける。』

「在留支援のためのやさしい日本語ガイドライン」（令和2年出入国在留管理庁・文化庁）では、具体的な注意として次のようなことが挙げられている。

①　情報を整理する

②　一文を短くする

③　簡単な言葉を使う

　　抽象的な言葉や外来語を避ける

④　略語は使わない

　　生保⇒生活保護、健診⇒健康診断

⑤　曖昧なことばは使わない

　　なるべく、○時ごろ

このような注意事項は、一般の公用文の作成に当たっても有用であろう。

例２　日本語を母語としない人々に対する言い換え例

こちらに記入願います。⇒　この紙に書いてください。

在留カード以外は必要ありません。
　⇒　在留カードを持って来てください。
お手続きは、休日はなるべく避けてください。
　⇒　平日に手続きをしてください。

（在留支援のためのやさしい日本語ガイドライン）

ウ　相手や場面に応じた気遣いの表現

『広く一般の人に向けた解説・広報等の場合、適切な敬語などの待遇表現（相手や場面に応じた気遣いの表現）も必要になってくる。程度の高い敬語を使えばよいというものではない。文書の公的な性格は変わらないので、分かりやすく正確に情報を伝えるという観点から、過剰な表現は避ける。』

『「御利用たまわる際には」などとはせず「利用される際には」とするなど、助動詞「**（ら）れる**」を用いる程度の言い方を標準としたい。』

『丁寧さを出したいときにも、文末は「**です・ます**」を基調とし、「ございます」は用いない。「申します」「参ります」も読み手に配慮する特別な場合を除いては使わない。また、「おります」「いたします」などは必要に応じて使うが多用しない。情報を簡潔に伝えるときは、「である・だ」も使用する。』　（太字は筆者）

例３　過剰な敬語表現の例

ご利用をたまわる　⇒　ご利用される
ご返送いただくようお願い申し上げます　⇒　ご返送ください
…して参る所存でございます　⇒　…する考えです

エ　使用する媒体に応じた表現

『かつては想定されなかったSNSなどの媒体を通した情報発信は、

国の府省庁においても行われている。そのうちには、符号や絵文字・顔文字等を積極的に用いたものも見られる。』

『各府省庁によるSNS公式アカウントの書き込みには、イベントを告知するために「～が登場！」「プレゼントも（^^♪」といった親しみやすい表現が用いられている例もある。読み手の関心を踏まえ、それぞれの媒体に合った書き方を工夫するよう努める。』

『ただし、広い意味での公用文であることを意識して一定の品位を保つとともに、文法の枠組みから過度に外れたり、誤りとされる慣用表現・語句を用いたりしないよう留意したい。』

例４　誤りとされる慣用表現の例

寸暇を惜しまず　⇒　寸暇を惜しんで
口先三寸　⇒　舌先三寸
押しも押されぬ　⇒　押しも押されもせぬ

7　読み手の気持ちに配慮した公用文

ポイント

読み手に伝わる公用文の第3の条件は、「読み手の気持ちに配慮」して書くことである。

①　読み手に違和感を抱かせない

②　敬意を表す

③　親しさを伝える

説　　明

(1)　読み手の気持ちへの配慮

これは、「公用文作成の考え方」が公用文作成の重要な条件として新たに加えるものである。

前記6に述べたように、文書の目的や種類、読み手にふさわしい書き方をすることが求められるが、その中で、次のような点に留意するよう述べられている。

ア　読み手が違和感を抱かないように書く

読み手の『年齢差、性差、地域や国籍の違いなどに関連して、型にはまった考え方に基づいた記述がないか、常に留意する。』

『例えば「年配の方でも簡単に申請できます。」という表現には「高齢者は申請が苦手である」という考え方が隠れている。受け取る人によっては、気を悪くするおそれもある。』

『また、本来は問題のない内容であっても、使用する際に注意が必要になる場合がある。例えば「帰国子女」という用語の「子女」は「息子と娘」の意味であり、本来は何ら問題のない言葉であるが、字面から女性に限定した言い方であるとの誤解を受ける場合もある。広く一般の人に読んでもらう解説・広報等では、「帰国学生」「帰国児童」などと言い換えておくなどの配慮もできる。』

このほかにも、誤りではないが避けるべき用語の例として、「父兄」（父母、保護者）、「老婆心」（必要以上のお節介となる配慮。自ら謙遜して用いられる。）、「未亡人」（夫と死別した女性）などが挙げられる。

イ　敬意を表す

『公用文は、不特定多数の読み手に向けられることが多いため、誰に対しても敬意が伝わるよう敬語を適切に用いて書く。例えば「利用者の方々」と「利用される皆さん」という言い方があるとき、前者は「方々」によって、後者は「利用される」と尊敬語を使うことで敬意を表している。この場合、後者の方が敬意を一人一人に差し向けようとする面がある。』

『敬語は丁寧度の高い言葉を多用すればよいものではなく、かえってよそよそしい響きで読み手を遠ざけてしまう面もある。広報等では敬体（です・ます体）を基本としながら、簡潔な表現で敬意を表すよう意識するとよい。相手を立てようとする気持ちから過度の敬語を用いると、伝えるべき内容が分かりにくくなることがある。』

一般的に言えば、「いただく」「賜る」等の謙譲語、「申します」「参ります」等の丁重語や、「お…になる」等の尊敬の程度が高い尊敬語は、公用文では用いる必要がないものと考えられる。

ただし、次のような例外的なケースもある。

例１　高度に丁寧な表現の例

○○会といたしましては、…、必要な募金活動を推進してまいる所存でございます。

…

今年度も、○○募金運動にご理解とご支援を賜りますようお願い申し上げます。

この例の場合は、一般的に言えば過度に丁寧な表現ではあるが、募金活動というお願いの文書としては、相手方の気持ちに配慮した必要な敬語表現であると考えられる。

ウ　親しさを伝える

『敬語の用い方に注意を払うだけではなく、文書を親しみあるものにするよう意識する必要がある。人間関係に遠近があるように、言葉にも相手との距離を表す機能があり、敬意と親しさのバランスをとるよう考えながら書くことで適度な距離感になる。』

『和語より漢語、動詞的表現より名詞的表現で、対象が客観化されて距離感が大きくなりやすい。』

『和語的な言い換えを添えたり、動詞的に表すようにしたりすることで、親しさの印象を増すこともできる。』

例２　漢語・名詞的表現と和語・動詞的表現の比較

(1)　漢語・名詞的表現を使った例
災害による住宅の全壊など、生活基盤への甚大な損害が生じた被災世帯への支援金の支払
(2)　和語・動詞的表現を使った例
災害で住宅が全壊するなど、暮らしの基盤を大きく損なう被害を受けた世帯の方へ、支援金が支払われます。

第２章　伝わる公用文のための文書構成

1　文体の選択

ポイント

① 文書の目的に応じ「である」体と「です・ます」体を使い分ける
② 一つの文書の中では、「である」体か「です・ます」体かのどちらかに統一する
③ 文語調の言い方は避け、分かりやすい口語に言い換える
④ 「べき」は「すべき」の形で用いる（「べく」「べし」は用いない）

説　明

(1)　文体の選択

「公用文作成の考え方」では、『Ⅲ　伝わる公用文のために』として、文体の選択、標題の付け方、文の書き方等について述べている。

まず、文体の選択とは、文語体と口語体、「である」体と「です・ます」体のいずれを選択するかという問題である。以下、「解説」に従って説明する。

ア　「である」体と「です・ます」体の使い分け

旧要領は、公用文の文体は原則として「である」体を用いるとし、

公告・告示・掲示の類並びに往復文書の類はなるべく「ます」体を用いることとしていた。

「公用文作成の考え方」では、『文書の目的や相手に合わせ、常体（である体）と敬体（です・ます体）を適切に選択する』とし、具体的には、次のような使い分けを目安とする。

① 法令、告示、訓令などの文書
　常体（である体）

② 通知、依頼、照会、回答など特定の相手を対象とした文書
　敬体（です・ます体）
　ただし、部内文書については、「である」体でもよい。

なお、『文末を「です・ます」にするのは柔らかい表現によって読み手に対して丁寧さと親しさを示すためであり、それによって直ちに内容が理解しやすくなり読み手との距離が近づくという単純な話ではない』と指摘している。

「です・ます」体を用いることによって、文章が冗長となり、かえって分かりにくくなるケースもあり得ることに注意しなければならない。

イ　「だ・だろう・だった」体を用いる場合

常体には、「である・であろう・であった」体と「だ・だろう・だった」体の二つの形がある。旧要領では、「だ、だろう、だった」は用いず、「である、であろう、であった」の形にすることとされていた。「公用文作成の考え方」でも、**公用文では「である・であろう・であった」体を用いる**こととしている。

『「である・であろう・であった」は書き言葉専用の文体であり、論理的に結論を導き出すような文章にふさわしい。』

なお、『「だ・だろう・だった」は敬意を示す必要のない相手に対して、日常会話でも用いられるため、解説・広報等の広く一般に示す文書等においては、親しみを示すために活用する場合もある』としている。

例１　「だ・だろう・だった」体を用いる例

○○ウォークへのお誘い 春だ。陽光の季節だ。○○ウォークに参加しよう。 （以下略）

ウ　文体の統一

『一つの文書内では、文末表現に敬体（「です・ます」体）と常体（「である」体）とを混合して用いない。どちらか一方のみで統一する。ただし、引用や従属節、箇条書にする部分に異なる文末表現が現れるのは問題ない。』　（括弧書は筆者）

例２　箇条書にする部分に異なる文体を用いる例

新型コロナウイルス感染予防のため次のことにご協力をお願いします。 ◆マスクを着用する。 ◆人と人との間隔は2メートル空ける。 ◆大声や接近しての会話は控える。

エ　文語調の表現は避ける

公用文において文語調を用いることを避けるべきであるとすることは、新しい「公用文作成の考え方」においても旧要領と同じである。文語調の表現は避けて、やさしい言葉で書くことが求められている。

『公用文には、一定の格式が求められるが、そのために文語調を用いることは避ける。』

「～のごとく」「進まんとする」などの表現は、読み手に固い印象を与え、必ずしも共感を得られないこともある。これらは、次のように日常的な口語で表現する。

例３　文語調の表現の言い換えの例

～のごとく　⇒　～のように
進まんとする　⇒　進もうとする
動かすべからざる原則　⇒　変えられない原則
大いなる進歩　⇒　大きな進歩

『特に解説・広報等の文書では親しみやすいものとなるよう書く』として、次のような表現は『日常的な口語を用いて言い表せる場合が多い』としている。

例４　文語調の言い方を日常的な言葉に改める例

～しつつも　⇒　～しながらも
～とみなし　⇒　～とみて

（注）　この例の「～とみなし」は、法令用語における擬制を意味する「みなす」ではなく、単に「～のようにみて」ということをやや格式張って表現するものである。

オ　「べき」は、「するべき」ではなく「すべき」の形で用いる

「べき」は、文語調の表現ではあるが、「考えるべき問題」「注目すべき現象」などのように、口語体の文章でも多く用いられている。しかし、用いるのは「べき」の形だけで、「～すべく努める」「～に努めるべし」というような場合の「べく」「べし」の形は用いない。

例５　「べき」を使ってもよい場合の例

用いるべき手段	考えるべき問題
論じるべきではない	注目すべき現象

例６　用いない「べく」「べし」の例

～すべく努める
～に努めるべし

『「べき」がサ行変格活用の動詞（「する」「～する」）に続くときは、「～するべき…」としないで「～すべき…」とするのが原則である。』

「べし」という助動詞は、原則として動詞の終止形に接続する語である。サ行変格活用の「～する」は、口語文法では終止形も連体形も「する」であるが、文語文法では終止形は「～す」であり連体形が「～する」である。

『また、見出しや箇条書の文末を「～すべき」で終える形が見られることがあるが、「べき」は連体形であり、本来は後に「である」「もの」を付ける。』

連体形で文章を終えることは、中途半端な印象を与えるものであり、「～すべきである」「～すべきもの」などとする。

カ　広報等で特に文語調を用いる場合の注意

『広報等において何らかの効果を狙って文語調を用いる必要がある場合には、文法どおりに正しく使用する。』

文語調の表現を用いる以上、文語文法に従って正しい表現にすることが必要である。

口語の「憂える前に」は、文語では「憂うる前に」となる。これを

「憂う前に」と終止形を用いることは誤りである。口語文法では終止形も連体形も同じ「憂える」であるが、文語文法では終止形は「憂う」で連体形は「憂うる」であるので、誤用されやすい。

例７　文語文法の連体形の用法の例

学を修むる場　　緑あふるる季節

2　標題と項目・見出し

ポイント

① 標題（タイトル）には、「主題」と「文書の性格」を示す
　㋐ 主　題　鍵となる言葉を具体的に入れる
　㋑ 文書の性格（報告・提案・回答・確認・開催・許可など）を示す
② 項目の階層は、横書きでは次のような順で用いる
　第1　1　(1)　ア　(ア)
③ 見出しの工夫
　㋐ 論点を明確にする
　㋑ 見出しを追えば全体の内容がつかめるようにする
④ 文の書き出しは1字下げる

説　明

(1) 標　題

標題については、旧要領でも、①一見して内容の趣旨が分かるように簡潔な標題を付ける、②「通達」「回答」のような文書の性質を表す言葉を付ける、こととされていた。

「公用文作成の考え方」も、旧要領と同じく、標題（タイトル）の付け方については、

① 主題を示す
② 文書の性格を明らかにする

ものとし、以下のように解説が付されている。

ア　主題を示す

『何について書かれた文書であるのかが一目で分かるように、標題（タイトル）には、主題となる案件を示す言葉を入れる。鍵となる言葉は、できるだけ具体的なものとし、取り上げる事柄を特定できるようにする。』

例1　具体的な標題の付け方の例

新国立体育館について	⇒	新国立体育館の建設工事の進捗状況に関する報告
予算の執行について	⇒	令和2年度文化庁予算の執行状況（報告）

『特に解説・広報等（の標題）では、「…について」とせずに、より具体的表現を用いるとよい。』　（括弧書は筆者）

例2　広報における標題の例

警察署の窓口で、キャッシュレス決済が利用できます！

タイトルを具体的に書こうとすると、長くなりがちである。

英米法では、法令中に定める内容は全て法令の題名に示されなければならないとする考え方がある。そのため、英米法には1ページにも及ぶ長い題名の法令もある。しかし、こんな長い題名は誰も読まないので、別に略称が定められて用いられることになる。私見では、標題はなるべく簡潔にすべきであると考える。

「解説」でも『標題の文字数は、読み手の負担にならないよう、1行に収めるのが適当である。』としている。

イ　文書の性格を示す

その主題について、どのようなメッセージを置くのか、報告、提案、回答、確認、開催、許可などの言葉を使って、文書の性格を示すこととされる。

例3 文書の性格を示す方法

> ① 文書の末尾に文書の性格を示す語を加える方法
> …の進捗状況に関する報告
> ② 括弧を使って文書の性格を示す方法
> …の進捗状況について（報告）

(2) 項目の細別と階層

文章が長いものである場合には、項目を分ける必要がある。その項目を更に分ける必要がある場合には、細別した項目を付する。

細別される項目は、次のような順序で階層化する。

① 横書きの場合の細別と階層の例

第1	1	(1)	ア	(ア)
第2	2	(2)	イ	(イ)
第3	3	(3)	ウ	(ウ)

② 縦書きの場合の細別と階層の例

第一	一	1	(1)	ア
第二	二	2	(2)	イ
第三	三	3	(3)	ウ

ただし、『数字や記号等は、必ずしもこれに従う必要はなく、ローマ数字（Ⅰ，Ⅱ，Ⅲ…）やローマ字アルファベット（A，a，B，b，C，c…）を用いることもできる』とされている。

この「公用文作成の考え方」の項目の細別と階層の考え方は、基本的には、旧要領と同じである。

例4 この「項目の細別と階層」に従って項目を付す例

> 第2 伝わる公用文のための文書構成
> 　1 文体の選択

2　標題と項目・見出し
　(1)　標　題
　　ア　主題を示す
　　イ　文書の性格を示す
　(2)　項目の細別と階層
　(3)　見出しの活用
　　…

(注)　本書は、「章」による区分を用いているため、この例とは異なっている。

(3)　見出しの活用

項目の中の文章や項目に分けられていない文章については、見出しを付けるという工夫が考えられる。見出しについては、旧要領では触れられていなかったが、「解説」では、見出しの活用について、次のように述べている。

『本文内の見出しは、短い文章であれば必ずしも必要ではない。しかし、複数の論点があるとき、文章の分量が多いときには、内容のまとまりごとに論点を簡潔に示す見出しを付けるとよい。見出しでは、回りくどい言い方や飾りの多い言葉遣いは避け、内容の中心となるところを端的に言い表すものとする。』

例5　見出しの例

（第3部　ポストコロナ時代における男女共同参画の未来）
テレワーク実施状況の変化
　令和2年4月の緊急事態宣言を境に、我が国では多くの就業者が在宅勤務等のテレワークを経験することになった。（以下略）

⑷　見出しの階層化

『見出しを階層化することで全体の構造をつかむことができ、文書全体が読みやすくなる』とし、1段階の見出しではなく、『大見出し』『中見出し』『小見出し』の活用を勧めている。

そして、「解説」のこの部分についての見出しは、次のような階層の見出しに当たるものとする。

① 大見出し　『Ⅲ　伝わる公用文のために』

② 中見出し　『Ⅲ－2　標題、見出しの付け方』

③ 小見出し　『ウ　中見出しや小見出しを適切に活用する』

このように、この「解説」の文書の区分は、項目ではなく、見出しであるものとしている。しかし、ここで「大見出し」「中見出し」の例として挙げられている『Ⅲ　伝わる公用文のために』や『Ⅲ－2　標題、見出しの付け方』は、常識的に見れば、見出しでなく、項目の区分である。

新聞や雑誌などのように多くの情報がバラバラに記載される場合には、このような見出しの階層化も必要かもしれないが、公用文では、通常の場合、「見出し」ではなく、前記⑵で説明した「項目の細別」によるべきであると考える。

項目を分けて書かれた公用文においては、このような見出しの階層化は不要であり、一段階の見出しだけで足りるであろう。

⑸　見出しの工夫

「解説」では、見出しの工夫について次のようなことが述べられている。

ア　見出しを追えば全体の内容がつかめるようにする

『読み手は、標題から文書の主題と性格を理解した上で読み進める。

見出しだけ読んでいけば、文書の内容と流れがおおよそつかめるようにするとよい。』

『適切な見出しは、そのまま文書の骨組みになり、おのずから標題と関連し対応するものとなる。どのような順で情報を得るのが読み手にとって都合よいのかを意識しながら文書を構成する。』

イ　標題と見出しの呼応

『標題が示す主題に応じた見出しとする。例えば標題に「報告」とあれば「報告の概要」といった見出しを立てるなど、読み手が短時間に必要な情報を得られるように工夫する。』

ウ　見出しを目立たせる工夫

『見出しの文字サイズは本文よりも少し大きめに設定するか、本文のフォントと異なるフォントを使う方法がある。』

しかし、見出しはその文章の内容を簡潔的に示すものであるが、一般的に言えば、見出しはそこに何が書かれているかを示す「インデックス」にすぎない。文書において述べるべき内容は本文に書かれるものである。見出しだけで内容がつかめるなら、そこに書かれている文章は、単なる冗文にすぎないということになろうか。私見では、一般の公用文において、このような見出しの工夫は、それほど実際的なものではないようにも思われる。

(6)　文の書き出しは1字下げる

『文の最初や改行した直後の書き出しでは、1字分空ける。ウェブサイトにおいても基本的に同様であるが、各府省庁における運用ルール等に従う。電子メールやSNSにおいては、この限りではない。』

『なお、ウェブサイトを含む解説・広報等では、1字下げの代わりに、段落間を広く空けたり行間に余裕を持たせたりするなど、読み取りやすくするために別の工夫を行うことができる。』

このように文の最初や改行直後の書き出しを1字下げることを「インデンション」といい、欧米の文章ルールから来た習慣である。文章の区切りをはっきりさせることができる。公用文においても用いられることが多いと思われる。

3　一文の長さ

ポイント

① 一文の長さは短く
50～60字程度が目安
② 一文の論点は一つにする
③ 箇条書の活用

説　明

(1) 文の長さ

「公用文作成の考え方」では一文の長さを短くするよう求めている。これは旧要領でも触れていたが、「解説」では、『**50～60字ほど**』という文字数を目安とするなど、具体的に一文を短くする方法が述べられている。（太字は筆者）

ア　一文を短く

『一文が長くなると、その構造は複雑になりやすい。前の語句と後の語句との係り受けや主語と述語の関係が乱れるなど、読みにくくなりがちである。単に長い短いが問題になるわけではないが、一文を短くすることによって、読み取りにくい文にすることを防ぐことができる。長い文は、句点や接続詞を使い、また長い修飾語・修飾節を別文に移すなどして複数の文に区切る。適当な長さは一概に決められないが、50～60字になってきたら読みにくくなっていないか意識するとよい。SNSを利用した広報などでは、より短くすべきであるとの指摘もある。』

全体として妥当な意見であると思われるが、『一文が長くなると、その構造は複雑になりやすい。』という指摘は、実際に文を書くときの問題としては逆であろう。内容的に複雑な構造の文を書こうとすると、どうしても長くならざるを得ないのである。したがって、文章を短くするためには、できる限り伝えるべき要点を絞り、文章の構造を単純化することが肝要である。

『一文は60字程度までに収める』とする類書もあるが、一文の文字数が問題ではなく、分かりやすい文章とするため、文字数は一つの目安として考えるべきものである。

また、法令の文章には長いものが多い。法令は一定の「法律要件」に対して与えられる「法律効果」を一つの文章で定めるものである。この「法律要件」と「法律効果」を厳密に一文で書き込もうとすると、どうしても長くならざるを得ないことがある。

例1　長い法令文の例

（公正証書原本不実記載等）
第157条　公務員に対し虚偽の申立てをして、登記簿、戸籍簿その他の権利若しくは義務に関する公正証書の原本に不実の記載をさせ、又は権利若しくは義務に関する公正証書の原本として用いられる電磁的記録に不実の記載をさせた者は、5年以下の懲役又は50万円以下の罰金に処する。

前記の文は、刑法の条文のうちでは比較的長い方だが、「又は」「若しくは」の使い分けを知っていれば、特に分かりにくいものではない。法令の文章では100字程度は普通である。民法では200字を超えるものもざらにある。内閣法制局でも、部内で法令文の平易化を検討していたが、その際一文が400字以上になることは避けるべきであるとする意見もあった。

この「公用文作成の考え方」は法令文を対象外としているが、法令文もこれまでの在り方を根本的に考え直すべき時期に来ているように思われる。

イ　一文の論点は一つ

『一つの文で扱う論点は、できるだけ一つとする。論点が変わるときには、文を区切った方が読み取りやすい。』

例２　二つの論点の文を区切って二つの文にする方法

> 在留外国人数は、約200万人を超えており、中長期的に在留する外国人が増えている。
>
> ⇒　在留外国人数は、約200万人を超えている。このうち、中長期的に在留する外国人が増えている。

また、『一文の中に主語述語の関係を幾つも作らないようにする。』

例３　一文の中にいくつかの主語述語関係を書き込む例

> 現在の用途地域は、平成16年に行った一斉見直しから約17年を経過し、当時の指定状況と現状との不整合がみられることから、都は用途地域を見直すこととしました。

必ずしも分かりにくい文章とは言えないが、文を区切って短くすることも可能であろう。

ウ　箇条書の活用

『一文の中で、並立する情報を三つ以上列挙するときには、箇条書を利用するなどして分かりやすく示す。』

例4 箇条書にする例

国語に関する内閣告示には、常用漢字表、外来語の表記、現代仮名遣い、送り仮名の付け方、ローマ字のつづり方の五つがある。

⇒ 国語に関する内閣告示には次の五つがある。

・常用漢字表
・外来語の表記
・現代仮名遣い
・送り仮名の付け方
・ローマ字のつづり方

箇条書にした方が見やすいのは事実だが、文脈や文の位置等から書き流しにする方がよい場合もあると思われる。三つ以上は箇条書と決めるのではなく、文章上で使い分けることが必要である。

４　文の書き方

ポイント

①　基本的な語順は、「いつ、どこで、誰が、何を、どうした」の順とする
②　主語と述語の呼応
③　文の書き方の諸注意
　㋐　接続助詞・中止法の多用を避ける
　㋑　受身形をむやみに使わない
　㋒　二重否定は必要なとき以外使わない
　㋓　係る語と受ける語を近くに置く

説　　明

(1)　文の書き方

ここで述べられる問題は、旧要領にはなく、「公用文作成の考え方」で初めて触れられている項目である（前記３の「一文の長さ」は旧要領でも触れられている。）。

ア　基本的な語順

「解説」では『日本語では、「いつ」「どこで」「誰が」「何を」「どうした」という順で書かれることが多い。この語順を守っておけば、おおむね読み取りやすい文になる。ただし、文を理解する上での条件となるような内容や強調したい要素を文の最初に置く方が効果的な場合もある。』とする。

しかしながら、公用文の場合は、一般に事実を叙述するものではな

く、むしろ、「誰が」「何を」「どうする」が基本であり、「いつ」「どこで」は副次的な情報であることが普通である。新聞記事でも、まず主語（主題）を明示するものが多く、この指摘は必ずしも当てはまらないように思われる。

例１　「いつ」「どこで」「誰が」「何を」「どうした」という文の例

> 15日午前8時半ごろ、東京都○○区××の○○大学前の歩道で、大学入学共通テストの受験で訪れていた高校生の男女2人が相次いで刃物で背中を切り付けられた。

イ　主語と述語

「解説」では『主語（「何が（は）」）と述語（「どうする」「どんなだ」「何だ」）との呼応が読み取れるようにする。日本語の文では、主語が省略されることがあるが、それによって誤解が生じることもある。省略されているかどうかにかかわらず、主語と述語の関係が明らかに分かるようにする。また、主語は、文の途中でできるだけ変えない。』とする。

日本語では主語が省略されることがあるとされている。実は、日本語の文章は主語がなくても成り立つのである。しかし、公用文の場合、主語あるいは主題を示すことは不可欠である。問題は、主語や主題は文の冒頭に置かれることが多い一方、述語は日本語では原則として最後に来ることである。そのため、主語と述語の間に様々な修飾語や修飾節が入ると、主語と述語が遠ざかり、主語と述語の関係が分かりにくくなるのである。

主語と述語の対応を明確にするには、長い修飾語や修飾節は別文にすることが考えられる。また、主語が途中で変わったり、別の主語が途中で入ったりするような文章を避けることが必要である。そのような場合は、文を分け、次の文で書くようにし、文を短くする工夫をする。

例2　途中で主語が移動する例

この鼓笛隊は、今年の夏祭りが近づいたとき、町会が、太鼓や笛などの楽器と、50人分の帽子とネクタイをそろえてくれました。そして町内の4年生以上の小学生から、男女50人の隊員を選び、隣町に住んでいる、音楽好きの大学生を先生にして生まれたものです。

例3　途中で話し手が主語となる例

しかし、不運にして負けた場合でも、僕はナインが全力を振り絞って負けたのだったら決して責めるべきではない。

ウ　その他の文の書き方の諸注意

以上のほか、文の書き方として以下の諸注意が具体的に示されている。「解説」に従ってそれらを見よう。

（ア）　接続助詞や中止法を多用しない

『接続助詞の「が」や中止法（述語の用言を連用形にして、文を切らずに続ける方法）を多用する書き方は避ける。そうすることで結果的に文は短くなり、長い文になったとしても分かりやすい。』

接続助詞を用いた「（…である）が、」「…（した）が、」等の表現は、前後の語句を接続し共存する場合、前後の事柄が逆転して反対の結果になる場合、補充的に説明する場合など広く用いられるが、接続関係が曖昧になり、いたずらに文章が長くなることが多い。

また、中止法（「…し、…し、…した。」）を多く用いる文章は、順序を追って叙述する場合や、畳みかける表現に用いられる。条約前文には、中止法で「…し、…し、…し、…」と延々と続くものがあるが、一般的な公用文では、多く用いることを避けた方がよいと思われる。

例4 接続助詞・中止法を多用する例

> 委員会では、新方針が提示されたが、これに対しては、時期尚早との意見が多く、差し戻すべきであるとの方向で検討が進み、そのまま決定するかと思われたが、反論も出され、…

例5 中止法を多用する日本国憲法前文の例

> 日本国民は、正当に選挙された国会における代表者を通じて行動し、われらとわれらの子孫のために、諸国民との協和による成果と、わが国全土にわたつて自由のもたらす恵沢を確保し、政府の行為によつて再び戦争の惨禍が起ることのないやうにすることを決意し、ここに主権が国民に存することを宣言し、この憲法を確定する。

（イ） 同じ助詞を連続して用いない

『「の」「に」「も」「て」などの助詞を連続して使うと、文が長くなるだけでなく、稚拙な印象を与えてしまうおそれがある。』

「の」を続けて使うと、どの語句がどの語句につながるのかという係り具合が分かりにくくなることがある。

例6 「の」を多く使った文の言い換え例

> 本年の当課の取組の中心は、…
> 　⇒ 本年、当課が中心的に取り組んでいるのは…

（ウ） 修飾節は長いものから示すか、文を分ける

『複数の修飾節が述部に掛かるときには、長いものから示した方が理解しやすい。』

また、『長い修飾節を含む文は、文を分けることで、より読みやすくなることが多い。』

例７　長い修飾節を含む文の言い換えの例

> 我が国は、文化遺産国際協力に関する覚書を、文化財の保存修復や国際協力の分野で永年の経験を有するイタリアと締結している。
>
> ①　長い修飾節を先に示す方法
>
> ⇒　我が国は、文化財の保存修復や国際協力の分野で永年の経験を有するイタリアと、文化遺産国際協力に関する覚書を締結している。
>
> ②　文を分ける方法
>
> ⇒　我が国は、イタリアと文化遺産国際協力に関する覚書を締結している。イタリアは、文化財の保存修復や国際協力の分野で永年の経験を有している。

例７の場合、「文化遺産国際協力に関する覚書を」の部分は、修飾節ではなく、「締結している」という述語の目的語であり、この文の主題であると思われるので、それを後に示す①の方法より、文を分ける②の方法が適切であるように思われる。

（エ）　受身形をむやみに使わない

『「言われる」「述べられる」のように、動詞に「れる」「られる」を付けた受身形の表現は、文の構造を難しくしたり責任の所在を曖昧にしたりする場合がある。』

『一方で、行為の主体を示す必要がない場合や、行為の対象や目的を目立たせるのに、受身形の使用が効果的な場合がある。』

受身形で書くと、目的語が主語となり、行為の主体が不明確になるが、その主張や意見を客観的に見せるという効果がある。また、行為の対象や目的を主語とすることで、その対象や目的をはっきりさせるという効果もある。

例８　受身形が効果的な例

「○○とされている」	主張や意見を客観的に見せることができる。
「○○が公表された」	公表の主体よりも公表されたものを目立たせることができる。

しかし、「れる」「られる」には、受身のほかに、可能（～できる）、自発（自然と～なる）や、尊敬を表す意味があり、読み手の判断を悩ませる場合もある。多用しないことが望ましいと思われる。

例９　「れる」「られる」を多く使う文章の例

令和○年第○回定例会

第○回定例会は、○○月○○日まで○○日間の会期で開催されました。

今定例会では、補正予算案4件、条例案12件など27議案の審議が行われ、市長提出議案25件と議員提出議案1件が原案どおり可決されたほか、議員提出議案1件が否決されました。

（以下略）

議会からの報告であるから、受身形ではなく、能動態で「審議を行いました」「議員提出議案1件を否決しました」と書く方が伝わりやすいように思われる。

（オ）　二重否定はなるべく避ける

『二重否定やそれに類する表現を用いると、否定しているのか肯定しているのか分かりにくくなることがある。強調したいことを効果的に伝えようとするような場合を除き、なるべく避ける。』

例10　二重否定の言い換えの例

…しないわけではない
　⇒　することもある

○○を除いて、実現していない 　⇒　○○のみ、実現した

しかし、この例の「○○を除いて、実現していない」と「○○のみ、実現した」とでは、書き手の主張したいことが違ってくるように思われる。このような言い換えが、必ずしも適切ではない場合もあろう。

（カ）　係る語とそれを受ける語、指示語と指示される語は近くに置く

『主語と述語、修飾語・修飾節と被修飾語、目的語と述語など、係り受けの関係がある語は、近くに置くと関係が分かりやすい。同様に、指示語を用いるときにも、指示される内容の近くに置く。』

例11　主語と述語が離れている文の例

ワイシャツなどの贈り物は前もってサイズを確かめておくことと特売品でも適当なものもありますが、相手によっては一流店の高級品でなければ恥をかくこともあるので注意が必要です。

主語は文の冒頭に置かれることが多く、述語は通常文の末尾に置かれるため、長い文ではどうしても離れがちになる。これは前記３で説明したところである。

例12　修飾語・修飾節と被修飾語が離れている文の例

新聞記者でもある氏の良き伴侶○○○夫人はまた同時に○○氏の良き飲み友達でもある。

「新聞記者でもある」のは「○○○夫人」か「○○氏」か、やや不明確な文である。

「新聞記者でもある」という修飾節と被修飾語の「○○○夫人」と

の間にもう一つ「氏の良き伴侶」という修飾節が加えられているためである。

例13　目的語と述語が離れている文の例

> 両国は、軍縮を段階的に核兵器の削減に重要性を置いて進めるという方式を取ることに意見が一致した。

「軍縮を」と「進める」の間に「段階的に核兵器の削減に重要性を置いて」という句が入っているため分かりにくい文になっている。

また、指示語（「これ」「それ」「あれ」等）を用いるときも、その指示される語句が指示語から離れていると分かりにくくなるので、注意する。

（キ）　言葉の係り方によって複数の意味にとれることがないようにする

『取り違えや誤解を防ぐためにも、言葉の係り方によって複数の意味にとれる表現を避ける。』

例14　修飾語に更に修飾語が付いている文の言い換えの例

> 所得が基準内の同居親族のいる高齢者
> 　⇒　同居親族（所得が基準内の者）のいる高齢者
> 　⇒　所得が基準内の高齢者で同居親族のいる者

（ク）　読点の付け方によって意味が変わる場合があることに注意する

『読点をどこに打つかによって、文の意味が変わる場合がある。意図する意味で読み手に伝わるよう読点を打つ位置に留意するとともに、必要な場合には文を書き換える。』

例15　読点の付け方で文の意味が変わる例

彼女は目を光らせて棍棒を振り上げる男の前に座っていた。
　⇒　彼女は目を光らせて、棍棒を振り上げる男の前に座っていた。
　⇒　彼女は、目を光らせて棍棒を振り上げる男の前に座っていた。

例16　読点の付け方で意味が変わる文の言い換えの例

当課は時間を掛けて課題解決に取り組む団体を支援する。
　⇒　当課は時間を掛けて、課題解決に取り組む団体を支援する。
　⇒　当課は、時間を掛けて課題解決に取り組む団体を支援する。
又は
　⇒　当課は、課題解決に取り組む団体に、時間を掛けて支援を行う。

5 文書の構成

ポイント

① 結論を早めに示す
② 文書の目的に応じて構成を工夫する
　通知等　　　　定められた形式による
　解説・広報等　読み手の視点で考える
③ 書き連ねたものをよく見直し、必要性の低い情報は削る
④ 「下記」・「別記」等を活用して本文を簡潔に

説　明

(1) 文書の構成

文書の構成については、旧要領では特に触れていなかったが、「公用文作成の考え方」では、新たに『Ⅲ　伝わる公用文のために　4　文書の構成』において、文書構成に関する注意を述べ、まず『文書の目的に応じて構成を工夫する』ことを求めている。

以下、「解説」に従ってその内容を説明する。

ア　結論を早めに示す

『文書の**結論は**、できれば**最初の段落で示しておく**。最後まで読まないと何を言おうとしているか分からないような書き方は避ける。最初に主旨を理解してもらった上で、次の段落から、その目的や理由、根拠など、案件の詳細を説明していく。』　　　　（太字は筆者）

『重要な点を優先して伝えるようにし、具体例、細目等は、後に示すか、分量が多くなるようであれば別途添えるなどの工夫をする。』

例１　イベント開催のお知らせ文の例

> 令和○○年度の「成人祝賀の集い」を開催します。
> 対象は、市内在住で平成○○年4月2日から平成○○年4月1日までに生まれた方です。
> 日時は、令和○○年○月○○日の午前○○時からです。
> 場所は、○○公会堂です。（最寄りの○○駅から徒歩5分）
> 問い合わせは、○○市青少年課（電話番号、e メールアドレス）まで

イ　文書の目的に応じた構成の工夫

『公用文の構成には、いつでも使えるような型があるわけではない』とし、文書を書き始める前に、次の4点を整理した上で、これらを踏まえて、文書の目的や類型に応じてその都度構成を工夫するものとする。

①　対象　何を
②　目的　どのような目的で
③　根拠　どのような根拠（法令、通知、調査・統計データ等）に基づいて
④　宛先　誰に向けて発信しようとしているのか

『ただし、定期的に作成する文書など、同じ構成を用いた方が読み手に安心感を与えるものもある』としている。

文書の類型としては、①通知等と②解説・広報等とに分け、次のように基本的な考え方を示している。

（ア）　通知等の構成

『通知等の作成は、基本的に各府省庁で使用する既存の文書形式に基づくとよい。』『多くは、前文・主文・末文の3段で構成される。』とし、『主文だけで十分に必要を満たせるのであれば、前文や末文は不要である。』『目的や主旨の背景やこれまでの経緯等を示す必要がある場合には、前文を置き』『具体的な事務手続や処理方法等について言及す

る必要がある場合には、末文を置く。』ものとしている。すなわち、通知等の構成は以下のように示されている。

① 前文　目的、主旨の背景、これまでの経緯等を示す。

② 主文　文書の目的と主旨。相手に求める事柄とその方法を示す。

③ 末文　具体的な事務手続や処理方法等について言及する必要がある場合に置く。

しかし、通常、「末文」とは締めくくりの挨拶であり、具体的な事務手続や処理方法等は、主文において示されるべきものであろう。

（イ） 解説・広報等の構成

（解説・広報等の）『書き方の決まっていない文書は、読み手が情報を円滑に受け取れるように提示していく。』

『自分が伝えたいことを優先するのではなく、読み手の立場になって、求められる情報を見極め、整理した上で文書作成に入りたい。』

また、『既存の形式に則して書かれた文書について解説するときなども、元の構成にこだわらず、より伝わりやすくなるよう考えてよい。』としている。

（ウ） 読み手の利益や不利益につながる文書の構成

『読み手の利益や不利益につながるような（事項を伝える）文書では、読み手が進めるべき手順に沿って書く。』　　　（括弧書は筆者）

例2　助成金交付の広報文の例

○○助成金交付について

生ごみのリサイクルと減量を推進するため、○○の購入費の助成を行っています。

助成金の対象者	市内在住の方
助成金の金額	1個につき2,000円
申請方法	申請書を市役所で配布しています（ホームページからダウンロードできます。）。必要事項を記載し

	て○○購入の2週間前までに市に提出してください。
申請期限	令和○年○月○○日
問い合わせ先	○○課○○係（電話番号、eメールアドレス等）

以上の際、『「上記に該当しない場合、手続は不要です」などと、する必要のないことも明示することによって、読み手の不安を軽減できる。』

『読み手に対して複数の選択肢を示し、いずれか一つを選んでもらった上で読み進めてもらうような場合には、それぞれの選択肢の内容に重なりがないようにし、迷わせることのないよう配慮する。』

ウ　分量の限度

『文書は、何文字・何ページ分にするのかを決めてから書き始める。』とし、

『特に複数の主体が書いたものを合体する場合には、あらかじめ分担と分量を明確にしておき、それぞれの限度を守るように打ち合わせておく。』とする。

公用文では、必ずしも分量をあらかじめ決められないことの方が多いように思われるが、場合によっては、以上のようなことも有用であろう。

『書き連ねたものは、よく見直し、必要性の低い情報は分量を調整する段階で削る。』とする。わざわざ書いたものを削るのはなかなか難しいことでもあるが、このことは文書作成に当たっての重要な留意事項である。

エ　下記・別記等の活用

文書の内容が多岐にわたるような場合、「下記」「別記」等を用いる。

『本文と下記部分とに分けて書く場合（「記書き」とも。）には、本文中に下記部分を指す「下記」等を用い、本文と下記との間の中央に「記」と記述する。』

『同様に、本文とは別に別記部分を設ける場合には、「別紙」「別記」等を用いる。』

なお、『本文中で後述の内容を指示する場合には、「次の」又は「以下の」を用いる。』

例3　「下記」を用いる通知の例

このたび本県の○○事業実施要領を別添のとおり改訂し、令和○年4月1日から施行することになりました。ついては、下記の改正内容に留意して事務手続を行われるようお願いします。

記

・・・・・・・・・・・・・・・・・・・・・・・・・・・・・・・
・・・・・・・・・・・・・・・・・・・・・・・・・・・・・・・

以上

第３章　用語のルールの変更

1　法令・公用文に特有の用語

ポイント

法令・公用文に特有の用語は、次のように対応する。
① 法令に準ずる告示等では、正確に使用する
② 解説・広報等では、分かりやすく言い換える工夫をする

説　明

(1) 用語のルールの変更

「公用文作成の考え方」『Ⅱ　用語の使い方』では、「公用文における漢字使用等について」（平成22年内閣訓令第1号）等の考え方や慣用に基づき、公用文における用語の使い方を示している。従来からのルールに大きな変更は見られないが、法令用語、専門用語、外来語等の扱いや、紛らわしい言葉・違和感や不快感を与える言葉等への対応その他の表現の工夫を示しており、公用文作成に当たって参考になるところも多いと思われる。

(2) 法令・公用文に特有の用語の扱い

『法令・公用文には、一般的な書き言葉とは異なる用法を持つ用語がある。

① 法令に準ずる告示・通知等においては、それらを**正確に使用**しなくてはならない。

② 専門的な知識を持たない人に向けた解説・広報等の文書において

は、より**分かりやすく言い換える**工夫が必要となる。』

（丸数字及び太字は筆者）

そのような法令・公用文に特有な用法を持つ用語として、以下のものが挙げられている。

ア　「及び」「並びに」

『法令･公用文で、複数の物事を結び付けたり、同時に採り上げたりすることを表す場合に、「と」という意味で用いる。「及び」を用いていない文では、「並びに」は現れない。広報等では、特に「並びに」は使わないようにし、例に示すような言い換えをするなどの工夫をする。』

（ア）「Ａ及びＢ」

『二つの物事を結び付けたり、同時に採り上げたりする。』

例１　「Ａ及びＢ」の表現の言い換え例

委員及び臨時委員　⇒　委員と臨時委員の両者

（イ）「Ａ、Ｂ、Ｃ及びＤ」

『等しく扱うべき三つ以上の物事を結び付けたり、同時に取り上げたりする。最後のつながり部分にのみ「及び」を用い、他は「、」とする。』

例２　「Ａ、Ｂ、Ｃ及びＤ」の表現の言い換え例

執筆し、編集し、印刷し、及び保存する。 ⇒　執筆、編集、印刷、保存を全て行う。

（ウ）「Ａ及びＢ並びにＣ（及びＤ）」

『三つ以上の物事を結び付けるなどの際に、結び付きの強さに段階がある場合、1段階目の結び付きには「及び」を、2段階目の結び付きには「並びに」を使う。』

例３　「Ａ及びＢ並びにＣ（及びＤ）」の表現の言い換え例

> 鉄道の整備及び安全の確保　並びに　鉄道事業の発達及び改善　に配慮する。
> 　⇒　次に挙げること全てに配慮する。
> 　　・鉄道の整備と安全の確保
> 　　・鉄道事業の発達と改善

この「解説」の『結び付きの強さに段階がある場合、1段階目の結び付きには「及び」を、2段階目の結び付きには「並びに」を使う。』という説明は、少し意味が分かりにくい。結び付きの強さとか弱さとかではなく、結び付きの段階（レベル）の違いの問題である。

例３の言い換えを見ても分かるように、結び付きの強さが違うのではなく、結び付きの段階が違っている。①まず「鉄道の整備及び安全の確保」では「鉄道の」が「整備」だけではなく「安全の確保」にも係っていて、「整備」と「安全の確保」とが「及び」で結ばれている。②次に「鉄道事業の発達及び改善」は、「鉄道事業」が「発達」と「改善」の両方に係っており、「発達」と「改善」が「及び」で結ばれている。③そして、全体の「鉄道の整備及び安全の確保」と「鉄道事業の発達及び改善」とが大きく「並びに」で結ばれているのである。

これをもう少し分かりやすく図解すると、次のとおりである。

例４　「鉄道の整備及び安全の確保並びに鉄道事業の発達及び改善に配慮する」の図解

> 鉄道の　整備　及び　安全の確保
>
> 並びに
>
> 鉄道事業の　発達　及び　改善　に配慮する。

「及び」と「並びに」の使い分けさえ理解できていれば、言い換えの必要の全くない簡明な文章である。

読者のために、「及び」「並びに」の使い分けについて、もう少し説明しよう。

「及び」も「並びに」も、「ＡとＢと」「ＡもＢも」ということを表す場合に用いられ、「併合的な並列に用いられる接続詞」といわれる。「及び」も「並びに」も、前の語句と後の語句の「両方」という意味で用いられることは同じであるが、法令では、接続が1段階のときは必ず「及び」を用い、「並びに」は接続が2段階以上になったときに大きい方の接続に用いる。

例５　「及び」と「並びに」を用いた文（日本国憲法第72条）の図解

内閣総理大臣は、内閣を代表して議案を国会に提出し、一般国務及び外交関係について国会に報告し、並びに行政各部を指揮監督する。

⇒ 内閣総理大臣は、［内閣を代表して議案を国会に提出し、］

［［一般国務］ 及び ［外交関係］ について国会に報告し、］

並びに

［行政各部を指揮監督する。］

まず、二つ目の語句の「一般国務及び外交関係について」の中の「一般国務」と「外交関係」という二つの語が「及び」で小さく結び付けられている。次に、「内閣を代表して議案を国会に提出し」と「一般国務及び外交関係について国会に報告し」と「行政各部を指揮監督する」という三つの語句が「並びに」で大きく結び付けられている。少し複雑な例になったが、「及び」と「並びに」の接続が強弱の違いではなく段階の大小の違いであることがお分かりになるものと思う。

「並びに」は、一般の文章ではあまり使われないかもしれないが、普通の日本語であり、特別の法令用語ではない。「及び」と「並びに」の使い分けは法令文に特有のものであるが、言葉の本来の意味を生かしたものである。もし「並びに」という語が古めかしく感じられるようであれば、「併せて」や「とともに」という語に言い換えることは検討の余地があると考える。

イ　「又は」「若しくは」

『法令・公用文で、複数の物事のうち、いずれか一つを選ぶことを表す場合に、「か」という意味で用いる。「又は」を用いていない文に「若しくは」は現れない。広報等では、特に「若しくは」は使わないようにし、例に示すような言い換えをするなどの工夫をする。』

（ア）　「A又はB」

『二つの物事のうち、どちらか一方を選ぶ。』

例6　「A又はB」の表現の言い換え例

英語又は中国語　⇒　英語か中国語かのどちらか一方

（イ）　「A、B、C又はD」

『それぞれ同格の三つ以上の物事の中から一つを選ぶ。最後に示す物事の前にだけ「又は」を用い、他は「、」とする。広報等では言い換えるとよい。』

例7　「A、B、C又はD」の表現の言い換え例

物理、生物、化学又は地学を選択する。 ⇒　物理、生物、化学、地学の4科目のうち、いずれか一つを選択する。

（ウ）　「A若しくはB又はC（若しくはD）」

『三つ以上の物事から一つを選ぶ際に、結び付きの強さに段階がある場合、1段階目の結び付きには「若しくは」を、2段階目の結び付きには「又は」を使う。』

例８　「Ａ若しくはＢ又はＣ（若しくはＤ）」の表現の言い換え例

> 英語若しくは中国語　又は　数学若しくは理科　を選択し受験する。
> ⇒　次のアとイのどちらか一方の方法を選択し、さらにそのうちで選んだ1科目を受験する。
> 　ア　英語か中国語のどちらかを受験する。
> 　イ　数学か理科のどちらかを受験する。

この例８に挙げられている文では、結局のところ、英語、中国語、数学、理科の4科目のうち1科目だけを受験するのだから、2段階に分けることに意味はない。「又は」「若しくは」の使い分けの必要はなく、例７のような「又は」だけを使った1段階の結びつきを示すことで十分であるように思われる。

ここでも「結び付きの強さに段階がある場合」とされているが、「又は」と「若しくは」の違いは、結び付きの強さではなく、結び付きの段階（レベル）の違いである。大きい段階での結び付きと小さい段階での結び付きがあるときに、大きい段階の結びつきに「又は」を用い、小さい段階の結びつきに「若しくは」を用いる。

例８の文が、例えば「午前中に行われる英語若しくは中国語又は午後に行われる数学若しくは理科を受験する。」という文であれば2段階での選択の文になる。受験者は、まず「午前」か「午後」かのどちらかを選び、午後を選んだ場合には「数学」か「理科」のどちらかを選ぶということになろう。

例９　「又は」と「若しくは」を用いた文（刑法第199条）の図解

> 人を殺した者は、死刑又は無期若しくは5年以上の懲役に処する。
> ⇒　人を殺した者は、
> 　死刑　又は　［無期　若しくは　5年以上　の懲役］
> 　に処する。

まず、「死刑」か「無期若しくは5年以上の懲役」のどちらかを選択し、懲役を選択した場合、さらに「無期」か「5年以上」の懲役のどちらかを選択するという2段階の選択になる。

このような「及び」「並びに」、「又は」「若しくは」の使い分けが分かっていれば、法律文の理解は容易になる。筆者としては、このような使い分けを一般の文章表現にも普及させることが日本語を論理的なものにすることに役立つものと信じている。

ウ　「場合」「とき」

①　『「場合」は仮定の条件又は既に定まっている条件を示す。』

②　『「とき」は特定できない時間を表すほか、「場合」と同様に仮定の条件又は既に定まっている条件を示す。』

また、法令では「時」と「とき」を使い分けている。特定の時間を示すときには漢字の「時」を用い、平仮名の「とき」は②のように条件を示すときなどに用いる。

例10　「場合」「とき」を用いた例

> 内閣訓令第2号の「許容」に含まれる場合は…
> 提出を求められたときは…

③　『前提となる条件が二つある場合には、大きい条件を「場合」で、小さい条件を「とき」で表す。』

例11　「場合」と「とき」を併用する例

> 該当する漢字が常用漢字表にない場合であって、代用できる同音の漢字があるときは…

エ 「直ちに」「速やかに」「遅滞なく」

『いずれも「すぐに」という意味であるが、最も即時性が高く遅れが許されないときに「直ちに」、それよりも差し迫っていない場合に「速やかに」、また、正当な理由があれば遅れが許される場合に「遅滞なく」が用いられることが多い。』

オ その他の法令特有の用語

これらのほかにも、法令特有の用語として「その他」「その他の」の使い分けや、「ただし」「この場合において」「してはならない」「することができない」など多くのものがある。これらについても上記と同様、告示・通知等においては原則としてそのまま使用し、解説広報等においては、言い換えを工夫することになるものと思われる。場合によっては、このような使い方の普及を図ることも検討すべきであろう。

例12 「その他」「その他の」、「ただし」「この場合において」の使い分け

その他	「その他」の前に挙げられている字句の他に後の字句があるということを示す。 前の字句と後の字句は並列的な関係になる。
その他の	「その他の」の前に挙げられている字句は後の字句の例示である。 後の字句が前の字句を包括する関係にあることを示す。
ただし	前の文に書かれたことの例外を書く場合に使われる。
この場合において	前の文に書かれていることの補足や注釈等を書く場合に使われる。

2　専門用語の扱い

ポイント

専門用語は、次のような対応を工夫する。

①　言い換える

②　説明を付けて使う

③　普及を図る

説　明

(1)　専門用語の扱い

『広く一般に知られていない専門用語は、用語の性質や使う場面に応じて、分かりやすくする工夫をするのが望ましい。その際、次の三つの考え方に当てはめて、対応を工夫するとよい。

①　**言い換える**

②　**説明を付けて使う**

③　**普及を図る**』　　（箇条書、丸数字及び太字は筆者）

ア　言い換える

『専門的に定義されている用語であっても、その用語が難解なものについては、その厳密な概念が問題にされない場合は、日常語に言い換えるのが望ましい。』

『また、専門家同士で使っている用語で、その用語でなくても意味が表せるものは、一般的な言葉に言い換えることが求められる。』として、次のような用語は、使わないようにして、日常語に置き換えるべきであるとしている。

例１　日常的な用語に言い換える例

埋蔵文化財包蔵地（「文化財が埋まっている状態の土地」を表す文化財保護法に基づく専門用語）　⇒　遺跡
頻回（医療分野で使われる用語）　⇒　頻繁に、何回も

この指摘は妥当なものであるが、その用語を日常使っている担当者にとっては、それが難解であるか難解でないか、一般的であるのかないのか、という判断が難しい場合もあるように思われる。公用文作成に当たって、「目を変えて見る（別の人に見てもらう）」という手順を踏むことが重要になってくるものと考えられる。

イ　説明を付けて使う

『日常語では言い換えることができない専門用語も多く、その中には専門的な知識を持たない人々にとって重要な意味を持つものもある。そうした場合は、専門用語を使った上で、分かりやすい説明を添える工夫が望まれる。』

『例えば「罹災」は、「罹」が常用漢字に入っていない難解な用語であるが、「罹災証明書」を発行する必要のあるときなど、別の用語に置き換えるわけにはいかない場合も多い。こうした場合は、（次の例２に示すように）説明を付けて使うのが適切である。』　（括弧書は筆者）

例２　説明を付けて使う例

罹災証明書　⇒　罹災証明書（支援を受けるために被災の程度を証明する書類）

このように「罹災証明書」という文書の名称が法令で定まっている場合には、『別の用語に置き換えるわけにはいかない』ものであろう。

しかし、この場合「罹災」と「被災」とは、若干ニュアンスは異な

るものの、例２の説明にも使われているように大きな違いはないと思われる。筆者としては、法令を改正して「罹災証明書」を「被災証明書」に改めることを、ここで提案すべきであると考える。

ウ　普及を図るべき用語は、工夫してそのまま使う

『専門用語の中には、最近登場したばかりで知られていないが、今後、普及が望まれるものもある。』

『例えば、平成期の終わり頃から使われるようになった気象専門用語「線状降水帯」は、多くの人にとってはまだなじみがないと思われる。しかし、大雨の被害から身を守るために、普及が望まれる用語である。』

次の例３のように、『説明を添えて、この用語を積極的に使うことによって、普及を図る。』

例３　「線状降水帯」の説明の例

> 「線状降水帯」とは、発達した積乱雲が、次々に襲ってくる地帯のこと。そこでは、集中豪雨が起きます。

『また、「SDGs（エスディージーズ）」のように、より良い社会にするために普及が望まれる新しい概念を表す用語にも、分かりやすい説明が不可欠である。よく使われている「持続可能な開発目標」だけでは分かりにくく、例えば「地球上の全ての人が幸せになるように誰もが協力して実現していく目標」などと丁寧に説明したい。また、必要に応じて、Sustainable Development Goalsという元になった正式の言葉を紹介することも効果がある。』

私見ではあるが、この「SDGs」の扱いは、少し疑問を感じる。「地球上の全ての人が幸せになるように誰もが協力して実現していく目標」

などというのは、書き手の願望や感情を表しているだけで、この言葉の説明ではないように思われるが、いかがだろうか。

「SDGs」は、昨今のはやり言葉になっているが、公用文の文中にこのような横文字の言葉を使うことが良いとは思われない。「国連で採択された持続可能な開発目標」と置き換えるのでよいのではなかろうか。

エ　専門用語の説明の仕方

（ア）　段階を踏んだ説明

『専門用語は、その定義や意味を丁寧に説明することが不可欠である。しかしながら、ただ詳細に説明すれば分かりやすくなるのではなく、段階を踏んで説明する工夫が望まれる。』として、

ダイオキシン問題に関連して使われる「耐容1日摂取量」という用語について、

①まず大まかに説明、②少し詳しく補足、③関連語との違い

という3段階の説明の仕方を次のように例示している。

例４　「耐容1日摂取量」という用語の説明の例

> ①　まず大まかに説明する。
> 　⇒　「体内に取り込んでも害のない1日当たりの摂取量」
> ②　その上で少し詳しく補足する。
> 　⇒　「生涯にわたって摂取し続けても身体に害のない、1日当たりの摂取量。
> 　含まれていることがあらかじめ分かっていない物質について言う。」
> ③　さらに、必要に応じて、関連語との違いについても説明すると、読み手の理解は深まる。
> 　⇒　「含まれていることがあらかじめ分かっている物質については、「許容1日摂取量」という。」

このような丁寧な説明は、いつもできることではない。これでは、その文章自体が専門用語の解説文になってしまう。これは、その専門用語が公用文全体の**重要なキーワード**となっている場合に必要とされる説明の仕方と考えるべきであろう。

（イ）　意味がよく知られていない語

『専門用語の中には、言葉自体はよく知られていても、意味が知られていないものがある。例えば「グループホーム」は、国立国語研究所の調査によれば、言葉の認知率は70％を超えているが、正しい意味を知っている人は50％に満たない。』

『この言葉を使う場合は、「認知症患者が専門スタッフの援助を受けて共同生活をする家」であることを、明確に説明することが望まれる。』

『必要であれば、類似の「ケアハウス」（認知症でない人の老人ホーム）や、「ケアホーム」（障害者用の施設）との違いを説明することも、明確に伝える効果がある』としている。

しかし、この解説にも疑問がある。ここでいうグループホームは『認知症患者が専門スタッフの援助を受けて共同生活をする家』であるとしているようであるが、歴史的にはgroup homeは、欧米で孤児等を収容する施設を指したようである。したがって、ここでいうグループホームとは、『意味がよく知られていない語』ではなく、「専門家が意味を特定の場合に限定して使っている語」というべきであろう。公用文作成に当たっての問題ではないが、認知症患者が共同生活をする家に限定するなら、「認知症の人のためのグループホーム」とするか、又は別の名称を用いるべきであるように思われる。

（ウ）　日常に使われる意味とは別の意味で使われる語

『専門用語として使われる言葉の中には、それと同じ言葉が日常語でも使われていることにより、専門用語の意味が、日常語の意味に誤解されることがある。』

『例えば、医療分野で使われる「ショック」は、「血圧が下がり、命の危険がある状態」のことであるが、これを、日常語の「急な刺激を受けること」の意味で誤解してしまう』場合があることを指摘し、

『このような誤解の危険性のある言葉の場合は、その混同を避けるために、必ず専門用語としての意味を添えるようにする。』としている。

例５　誤解の危険性のある専門用語の例

	専門用語	日常用語
善意	ある事実について知らないこと（法律）	親切心、優しさ
悪意	ある事実について知っていること（法律）	人を傷付けようとする意図
社員	株主などを含む社団法人等の構成員（法律）	会社等に雇われている人
清潔	滅菌された状態のこと（医学）	汚れがなくきれいなこと
貧血	血液内の赤血球が不足していること（医学）	立ちくらみなどが起こること
出場	消防車などが現場に行くこと（行政）	大会などに出ること
雰囲気	ある特定の気体やそれで満ちた状態（化学）	その場面にある気分や空気

オ　略語は元になった用語を示す

『専門用語などを中心に、言葉の一部を省略することがある。』

例６　略語の例

知的財産　⇒　知財 大学設置・学校法人審議会　⇒　設置審 Social Networking Service　⇒　SNS

『特に専門的な知識を持たない人に向けて書く文書においては、略語だけを用いることのないようにする。文書中に繰り返し出てくる場合は、初出箇所で、「知的財産（以下「知財」という。）」などと示し、以降は省略した語をそのまま用いることができる。』

『また、外国語に基づく場合にも、文書中に繰り返し出てくる場合は、初出箇所で正式名称を示した上で括弧内に略語を示し、2回目以降は略語を用いるようにしてもよい。例えば「クオリティー・オブ・ライフ（以下「QOL」という。）」と片仮名表記で示した上でアルファベットの略語を示す。必要と判断される場合には、例７のように原語を添えてもよい。』

例７　原語を添えて略語を示す例

クオリティー・オブ・ライフ（Quality of Life。以下「QOL」という。）

このように、略語を用いる場合には、初めて出てくるときにその元になった用語を示すことが必要である。それは、専門的知識を持たない人に向けて書く文書だけではなく、全ての公用文において必要なことであると考える。

３　外来語への対応

ポイント

外来語は、その性質や使う場面に応じて、次のように対応する。

① そのまま使う

② 言い換える

③ 説明を付けて使う

④ 使い方を工夫する

説　明

(1) 外来語への対応

『外来語をそのまま使うか、言い換えたり説明を付けたりといった対応を行うかは、個々の外来語の性質、文書の目的や読み手を考慮して、書き手が判断するものである。』として、

外来語の対応に関して次の四つの考え方を示している。

① **そのまま使う**

② **言い換える**

③ **説明を付けて使う**

④ **使い方を工夫する**

そして、『分野によって扱いが異なる場合があること、時間の経過によって定着の度合いが変化することを踏まえ、定期的に部署内で業務に関わる外来語にどのように対応するかを整理し、共有するとよい』としている。

ア　そのまま使う

『外来語を取り込むのは日本語の特徴の一つである。なくてはならない言葉として、日本語に十分定着しているものも多い。こうしたものは、ほかの言葉に言い換えるよりもそのまま用いる方が良い。』

例１　日本語として定着している外来語の例

ストレス　　ボランティア　　リサイクル

イ　言い換える

『企業や官公庁などの仕事の現場では、外来語が盛んに使われており、一般向けに作成する公用文でも、それらを使ってしまいがちである。しかし、多くの人にとってなじみがなく読み手にとっても分かりにくい外来語には対応が必要である。漢語や和語に置き換えた方が分かりやすいと判断される場合には、言い換えるとよい。』

例２　外来語の言い換え例

アジェンダ　⇒　議題 インキュベーション　⇒　起業支援 インタラクティブ　⇒　双方向的 サプライヤー　⇒　仕入れ先、供給業者

ウ　説明を付けて使う

『一般になじみのない外来語の中には、重要な意味を持つ専門用語として使われていて、分かりやすく言い換えることが困難なものもある。そうした語は、そのまま使った上で、その意味を分かりやすい言葉で明確に説明することが望まれる。』

『例えば「インクルージョン」は、外国人や障害者、性的少数者などを受け入れ、共に関わりながら生きることができる社会にしていこうという運動や意識改革を指す言葉である。この言葉は、「包摂」「受容」などと言い換えられることがあるが、これらの言い換え語では、上記の意味を十分に伝えることができない。』

『そこで、外来語を使った上で、**括弧内に説明を補う**か、**分かりやすく説明するような表現を言い添える**とよい。』

『**脚注**などで対応することもできる。』　（太字は筆者）

例３　説明を付けて使う例

> ①　インクルージョン（多様性を受容し互いに作用し合う共生社会を目指す考え方）は、…
> ②　多様な人々を受け入れ、共に関わって生きる社会を目指す「インクルージョン」は、…

この「インクルージョン」については、外来語の本来の意味というよりは、この文の中での特別な用法であるように思われるので、この場合は、脚注等による説明がより適しているものと考える。

エ　使い方を工夫する

『外来語の中には、日本語として定着する途上のものがあり、そうした言葉は、簡単に言い換えることができる意味で使われることもあれば、簡単な言い換えでは表せない意味で使われていることもある。』

『例えば、「リスク」という語は、広く使われるようになりつつあるがその定着は必ずしも十分でない。』

例４　「リスクを減らす」の言い換え例

> リスクを減らす　⇒　危険性を減らす

例５　「リスクを取る」の言い換え例

> 文脈に応じて、次のように表現を工夫する。
> リスクを取る　⇒　①　あえて困難な道を行く
> 　　　　　　　　　②　覚悟を決めて進む
> 　　　　　　　　　③　賭ける

この言い換えは適切なものと思う。しかし、「リスクを取る」という言葉が、まだ定着していないという感じを与えるのは「リスク」と「取る」とのつながりがやや分かりにくいためではないだろうか。「リスク」という外来語は既に日本語として定着しているが、「取る」という日本語の言葉が多義的であるため、「リスクを取る」という表現が理解しにくく、説明が必要になっているのである。これは、外来語の問題ではないようにも思われる。

4　紛らわしい言葉の扱い

ポイント

① 同音の言葉　変換に注意する

② 異字同訓の漢字　使い分けに気を付ける

③ 曖昧な言葉を避ける

㋐ 「から」は時や場所の起点に、「より」は比較に用いる

㋑ 程度や時期・期間を表す言葉（「幾つか」「多少」）は、具体的な数字で

㋒ 「など」「等」は慎重に使う

④ 冗長さを避ける

重複した表現・回りくどい言い方・不要な繰り返しを避ける

説　明

(1)　紛らわしい言葉の扱い

日本語には、同音異義の語や、異字同訓の漢字など、紛らわしい言葉が多い。これらは、公用文作成の場合に限った問題ではないが、「公用文作成の考え方」では特に一節を設けて注意をしている。

ア　誤解や混同を避ける

（ア）　同音の言葉による混同

『同音の言葉（同音異義語。干渉／勧奨、信条／身上、服する／復する／伏する　等）については、**誤りなく仮名漢字変換**する。』

『また、これらは正確に書かれていたとしても、文脈によっては、

耳で聞いた場合に区別が付かない場合がある。口頭で伝えたり、音声サービスに用いたりする場面も想定し、意味の分かる言葉で言い換えるなどの工夫に努める。』　（太字は筆者）

例1　「服する／復する／伏する」の言い換えの例

服する　⇒　服従する、（薬などを）飲む
復する　⇒　元に戻る　元に戻す
伏する　⇒　伏せる、降伏する

しかし、日本語では同音異字語が非常に多い。日本語は、母音の種類が少なく中国語のような平声・入声等の声調の区別もないので、漢語から由来する同音異義語は数えきれないほどである。「貴社の記者が汽車で帰社した」という同音異義語を使った有名なジョークさえある。「シンコウ」と読む語は、信仰／振興／進行／侵攻／親交など、ある辞書では34も並んでいる。これらを全て言い換えることは不可能に近い。変換に際して誤りがないか注意するのがせいぜいではないかと思われる。

『さらに、音が同じであるだけではなく、字形も似ている漢字（偏在／遍在、補足／捕捉、排外／拝外　等）は、文章を目で追う際にも、取り違えやすい。漢字の1字ずつの意味を思い起こし、頭の中で確認しながら読み進むことになり、負担を強いることになる。同音の存在を常に意識し、それと混同されないように言葉を選ぶようにする。』

例2　「偏在／遍在」「補足／捕捉」の意味の違い

偏在　⇒　かたよって存在していること
遍在　⇒　どこにでも存在していること

補足　⇒　補い足すこと、不十分なところを補うこと
捕捉　⇒　捉えること、内容を理解すること

これらは紛らわしい言葉ではあるが、その言い換えも簡単ではない。「偏在」「遍在」は難しい用語なので言い換えを検討すべきものと思われるが、「補足」をいちいち「補い足すと…」などと言い換えるのは、かえって分かりにくくなるおそれもある。

（イ）　異字同訓の漢字の使い分け

『常用漢字表の漢字のうち、異なる漢字でありながら同じ訓を持つもの（答える／応える、作る／造る／創る　等）の使い分けに迷うときは、「**「異字同訓」の漢字の使い分け例**」（平成26年文化審議会国語分科会報告）を参考にして、書き分けるとよい。』　（太字は筆者）

例３　異字同訓の漢字「当てる／充てる／宛てる」の用例

当てる（触れる。的中する。対応させる。）
　用例　胸に手を当てる　ボールを当てる　仮名に漢字を当てる
充てる（ある目的や用途に振り向ける。）
　用例　建築費に充てる　後任に充てる　地下室を倉庫に充てる
宛てる（手紙などの届け先とする。）
　用例　本社に宛てて送られた書類　手紙の宛先

同音異義とは違って、異字同訓の語は、もともと意味に共通性があるので、間違えやすい。「当てる／充てる／宛てる」などは公用文でもよく用いられる語であるが、使い分けに注意することが大切である。

「解説」でも『ただし、同訓の漢字については、明確に使い分けを示すことが難しい場合があり、年代差や個人差、各分野における表記習慣の違いなどもある。また、必要に応じて仮名で表記してよい』として、次のような用例を示している。

例４　「張る／貼る」の使い分けの例

テントを張る　切手を貼る　リンクを張る／貼る
壁にタイルを貼る／張る

例５　「作る／造る／創る／つくる」の使い分けの例

組織を作る	道路を造る	新たな文化を創る
人をつくる	街づくり	

法令等でよく使われる「併せて」「合わせて」「あわせて」の使い分けなども、同様な例である。

イ　曖昧さを避ける

（ア）　「から」と「より」の使い分け

『時や場所の起点を示すには「から」を用いて、「より」は用いない。「より」は、比較を示す意味もあるため、紛らわしい。「有識者会議より評価を得た」は、「有識者会議（の決定）に比べて評価が高かった」とも読める。**起点は「から」、比較は「より」**で使い分ける。』

（太字は筆者）

例６　「から」と「より」の使い分けの例

「から」
　東京から京都まで　　午後1時から始める
　恐怖から解放する　　長官から説明がある

「より」
　東京より京都の方が寒い
　会議の開始時間は午前10時より午後1時が望ましい

（イ）　程度や時期・期間を表す言葉は具体的に

『「幾つか」「多少」「多め」「少なめ」などの**程度を表す言葉**や「早めに」「急いで」「しばしば」「しばらく」などの**時期に関わる言葉**は、意味が曖昧になりがちである。数や量に関わるものは、できる限り**具体的な数字**を示す。』

『また、**時期**についても、明確な日付や時間を示せば、誤解が起こらない。「…から…まで」のように**期間や区間**を表す際にも、起点と終点を示すようにする。』

『ただし、一定の期間を見通すことができないような場合もある。その際には「当分の間」「当面」などを用いる。』　　（太字は筆者）

例７　程度や時期・期間を表す語の言い換えの例

幾つか指摘する　⇒　3点指摘する
少人数でよい　⇒　3人以上でよい
早めに　⇒　1週間以内に、5月14日正午までに
本日から春休みまで　⇒　本日から春休み開始まで／本日から春休みが終了するまで

前記１(2)エで法令用語の例として挙げられた「直ちに」「速やかに」「遅滞なく」も、同様にできる限り具体的な期間を示すべきものと考える。また、法令で、「当分の間」もしばしば用いられているが、「2年以内」等の一定の限度を示すべきものと考える。

（ウ）　「等」「など」の類は慎重に使う

『公用文においては、文中に示したものだけに限定されないことを表すために、「**等**」「**など**」「**ほか**」「**その他**」といった語を用いる場合がある。ただし、読み手にとっては、その意味するところや内容が伝わりにくいことや、批判をかわすためと見える場合もある。』

『伝える必要がある事柄は、全て示すか、本当に必要なものだけを取り上げ、できるだけこれらの語を使わずに書くようにするとよい。それでも、正確さを確保する観点からこれらの語を用いるときには、具体的に挙げるべき内容を想定しておきたい。』

『また、「等」「など」の前には、代表的・典型的なものを挙げる。』

（太字は筆者）

例８　「等」に代えて言葉を包括的に言い換える方法

遺跡の保存・活用等の実施 ⇒　遺跡の保存・活用に関わる取組の実施

「解説」の指摘は妥当なものと思われるが、現実には「等」や「など」を使わないで全てを示すということは困難な場合もある。例８の「関わる」という用語も曖昧であり、あまり良い言い換えとは思われない。

ウ　冗長さを避ける

（ア）　表現の重複

『意味が重複する表現（「重言」「重ね言葉」などとも。）は、むやみに用いないようにする。』

例９　意味が重複する表現の例

諸先生方　⇒　諸先生、先生方 各都道府県ごとに　⇒　各都道府県で、都道府県ごとに 第1日目　⇒　第1日、1日目 約20名くらい　⇒　約20名、20名くらい 違和感を感じる　⇒　違和感を覚える、違和感がある

『ただし、慣用になっていたり強調などのために用いたりする場合もあるため、一概に誤りとも言えないものがある。』

例10　誤りとは言えない重複表現の例

従来から　⇒　従来 まず最初に　⇒　最初に 返事を返す　⇒　返事をする 排気ガス　⇒　排ガス 被害を被る　⇒　被害を受ける

（イ） 回りくどい言い方をしない

『慎重になったり、念を入れたりしようとすると回りくどい言葉遣いになりがちである。必要のない言葉は削り、すっきりした表現にする。強調したい言葉であってもむやみに繰り返さない。』

例11 回りくどい表現の例

利用することができる ⇒ 利用できる 調査を実施した ⇒ 調査した 問題があるということになる ⇒ 問題がある

このような表現は、法令文や公用文でよく見受けられる。特に、法令では「利用することができる」を用い、「利用できる」のように名詞の「利用」に直接「できる」という動詞を接続する表現は用いられない。「利用ができる」なら法令でも使われる。今後の検討課題であろう。

（ウ） 不要な繰り返しを削る

『また、物事を並べて書くような場合には、意味を明確にする必要がある時を除いて、省略できる部分を削る。』

例12 不要な繰り返しを削る例

教育費の増加と医療費の増加により ⇒ 教育費と医療費の増加により 話し言葉によるコミュニケーション及び書き言葉によるコミュニケーション ⇒ 話し言葉と書き言葉それぞれによるコミュニケーション

このような同じ語を繰り返し述べることに意味がある場合もある。一般的な注意として受け止めることができる。

5　違和感や不快感を与えない言葉

ポイント

① 偏見や差別につながる表現を避ける
② 読み手がどう感じるかを考える
③ 過度の規制や禁止を慎む
④ 方言の使用

説　明

(1)　違和感や不快感を与えない表現

『基本的人権に配慮するため、性別、職業、地位、信条、宗教、地域、人種、民族、心身の状態、身体的特徴などに関して、誤解を与えるような表現を慎むのは当然のことである。』

しかし、『気付かないうちに、型にはまった考え方を表す言葉を用いてしまうことがある。』として、以下のように示している。

ア　偏見や差別につながる表現を避ける

（ア）　性別に関する表現

『「**女医**」「**女流**」「**女史**」といった言葉には、男性側に対応する語がない。情報を伝える上で性別を示すことが必要であるかどうか、慎重に判断する。』

『それらに加えて、性に対する意識が多様化している状況を踏まえた配慮も必要となる。』　（太字は筆者）

（イ）　特定の仕事や業種を殊更に示す表現

『様々な努力をしてきたことを評価する意味で、「～までして、地域に貢献した。」などと言うが、「～」の部分に特定の仕事や業種が入ると、現在、それに携わっている人の気分を害することにつながりかねない。』

（ウ）　宗教上の聖地を比喩的に用いる表現

『物事の中心地やそれが多く発生する場所を「～のメッカ」と表すことがある。メッカは宗教上の聖地であり、「交通事故のメッカ」などと用いるのはたとえとして適切ではない。』

イ　読み手がどう感じるかを考える

『違和感や不快感を与えない文書を作成するためには、特定の用語や言い回しをリストアップして、そこにある言葉だけを避けていればよいというものではない。言葉や表現自体には問題がなくても、使用する場面や状況によって、また組合せ方によって、読み手（あるいは、当事者）に対して不快な思いをさせたり、違和感を抱かせたりする場合がある。』

『自分がそのような言葉で表されたら、どう感じるかということを想像し、文書作成に当たりたい。』

『例えば、「～くらいであれば」「～にも可能である」といった言い回しは、それが容易であることを強調するものだが、「～」の部分に、特定の動作、人物、組織を当てると、その行為や能力を軽んじる意味合いを読み取りかねない。』

ウ　過度の規制や禁止を慎む

『その言葉・表現が偏見や差別につながると即断することは慎重であるようにする。』

『字面の印象にとらわれたり、意味が誤解されるかもしれないと過剰に気にしたりして、やみくもに言葉の使用を規制・禁止することは、かえって問題の実態を見にくくしてしまうことにもつながる。ひいては表現の幅を狭め、日本語の豊かさを損なってしまうことにもなりかねない。』

『取りあえず使わないでおけばよいと済ますのではなく、実態を的確に捉えるよう努め、読み手・当事者の気持ちに寄り添ったふさわしい言葉・表現を考えたい。』

エ　方言の使用

『公用文は、原則として共通語を用いて書く。』

『一方、方言の持つ価値にも、改めて注目が集まっている。「国語に関する世論調査」によれば、「方言と共通語については、相手や場面によって使い分ければよい。」と考える人が多数を占めている。』

『府省庁の広報やSNSにおいても、方言を尊重し、何らかの効果を狙って活用できる。』

例１　被災地の方言を用いた応援メッセージの例

けっぱれ　　がんばっぺ　　かせするもん

公用文においても、これから方言の使用が広がっていくものと思われる。しかし、「解説」にあるような被災地の応援メッセージなどに方言を使うことにはそれほど意味があるとは思えない。それよりも、公用文の在り方としては、それぞれの地域において住民に対し地域の言葉を用いて発信することに、今後大きい可能性があるものと思う。

近年、地方公共団体の条例でも方言を用いた例が見られる。

例２　方言を用いた法令文（条例の前文）の例

> 何でまちづくりをするが。
> みんなあにとって、「のうがえいまち（居心地のいい街）」にしたいき。

（中略）
ほんで、この条例を、きおうて（頑張って）つくったがよ。
どう、まちづくりを一緒にやろうや。

（高知市市民と行政のパートナーシップのまちづくり条例）

市民に対して条例を親しみやすく身近なものにするための試みとして評価できるが、公用文として方言をどのように活用するかということは、これからの課題であろう。

オ　「障害者」の表記

現在「障害者」という語については様々な議論があり、「障碍（がい）者」「障がい者」等の表記も行われているが、この「公用文作成の考え方」においては「障害者」という表記を用いている。

この問題については、この「公用文作成の考え方」の基になる文化審議会国語分科会の報告が出された際、同時に「「障害」の表記に関する国語分科会の考え方」が示されている。その結論だけを引用すると、次のとおりである。

1　国語施策の観点からは、次に挙げる点に取り組むこととしたい。

○「碍」の字を直ちに常用漢字表に追加することはしないが、国会の委員会決議の趣旨に沿い、「碍」の扱いを常用漢字表における課題の一つと捉え、出現頻度などの使用状況やこの漢字に関する国民の意識を調査するなど、国語施策の観点から、引き続き動向を注視していく。

○常用漢字表の次の改定が行われる際には、国会の委員会決議が取り上げている観点も参考にしつつ、選定基準の見直しが必要であるかどうか、改めて検討する。

2　用語の問題として（より広い観点から）

○「障害」の表記に関しては当事者を中心とした議論が進むよう期待

しながら見守りつつ、国語施策の観点からも用語全般に関する課題を広く解決していくための考え方を整理することができないか検討する。

この報告に付された資料により、次のような経過を知ることができる。

① 「障碍（障礙）」は、仏教用語で「ショウゲ」と読み、「さまたげになるもの」を意味する（注：「碍」は「礙」の俗字）。

② 「障害」は、江戸期に現れた日本独自の漢語で、同じく「さまたげ」の意味に用いられた。「障礙」と「障害」とは、明治以降、一般社会においてほぼ同様の意味で用いられてきた。

③ 昭和21年当用漢字表に「害」の字が採用され、昭和29年法令用語改正例で

「当用漢字表、同音訓表にはずれた部分を、それぞれ一定の他の漢字に改めて書く」ものの一つとして「障碍→障害」を提示した。

④ 昭和57年「障害に関する用語の整理に関する法律」により、162本の法律を改正し、現在では不適切とされる用語を「障害」に改めた。

また、「障害者に関する世論調査」（平成29年内閣府）の結果は、次のとおりである。

問　「しょうがい」の表記として、どれがふさわしいと思いますか。この中から1つだけお答えください。

回答の比率

（ア）	障害	31.6%
（イ）	障碍	2.5%
（ウ）	障がい	40.1%
（エ）	どれでもよい	18.8%
（オ）	その他	1.2%
（カ）	わからない	5.8%

（令和3年3月12日文化審議会国語分科会）

6　表現の工夫

ポイント

①　難しい漢語の言い換え　橋梁（りょう）　⇒　橋　など
②　「漢字1字＋する」型の動詞を多用しない
③　重厚さ・正確さを高める―述部に漢語を使う
④　分かりやすさ・親しみやすさを高める―述部に訓読みの動詞を使う
⑤　紋切り型の表現―効果が期待されるときにのみ用いる

説　明

(1)　聞き取りにくく難しい漢語の言い換え

『漢語（音読みの言葉）は、耳で聞いたときに分かりにくいものが多い。「橋梁（りょう）」「塵埃（じんあい）」「眼瞼（けん）」など、常用漢字表にない漢字を含む熟語は、「**橋**」「**ほこり**」「**まぶた**」と和語（訓読みの言葉）に言い換えることで、より円滑に理解できる。常用漢字が使える言葉にすれば、表記も分かりやすくなる。』　（太字は筆者）

この言い換えの提案は適切なものと考える。ただ、ここに挙げられている例は「耳で聞いたときに分かりにくい漢語」とされているが、常用漢字に含まれていない字種を含む漢語である。

このうち、「橋梁」については、「法令における漢字使用等について」（平成22年11月30日）では一部に漢字を用いた方が分かりやすい場合として「橋りょう」が挙げられている。しかし、これは耳で聞いたときだけでなく目で見たときにも分かりにくい。今後は法令文においても「橋梁」・「橋りょう」は「橋」と言い換えるべきであろう。

なお、「塵埃（じんあい）」という語の「塵」は土ぼこりを意味し、「塵埃」はほこりだけでなく小さいちりを含むものと思われる。「塵埃」は「ちりやほこり」と言い換える方がよい場合もあると考える。

(2)　「漢字1字＋する」型の動詞を多用しない

『「模する」「擬する」「賭する」「滅する」といった漢字1字の漢語による動詞のうちには、文語に基づくものが多く、聞き取りにくく堅苦しい語感を持つものがある。法令によく用いられる表現であっても、解説・広報等でむやみに多用することは避ける。』

例１　「漢字1字＋する」型の動詞の言い換えの例

模する　⇒　似せる
擬する　⇒　なぞらえる
賭する　⇒　賭ける
滅する　⇒　滅ぼす

(3)　重厚さや正確さを高めるためには、述部に漢語を用いる

『文書の重厚感を増し、改まった雰囲気にするには、訓読みの動詞（和語の動詞）を漢語にすると、効果が得られることがある。』

例２　訓読みの動詞の漢語への言い換え例

決める　⇒　決定する
消える　⇒　消失する

『同様に、語の意味をより正確に表現したいときに、漢語を用いることが有効である場合がある。特にスペースの限られた見出しなどでは、漢語を活用することで、意味を端的に伝えることができる。』

例３　意味を正確に表すための漢語の動詞の活用例

性質が変わる　⇒　性質が変化する
プログラムが変わる　⇒　プログラムが変更される
街並みが変わる　⇒　街並みが変容する

『ただし、分かりやすさ、親しみやすさを妨げるおそれがあることに留意する。』とされている。

(4)　分かりやすさや親しみやすさを高めるためには、述部に訓読みの動詞を用いる

『事務的、専門的な文書では、漢語を用いた方が正確で改まったものになるとしても、広報などでは、堅苦しい上に、読み手にとって意味がすぐには浮かばない場合もある。分かりやすく、親しみやすい文書にするには、述部に訓読みの動詞（和語の動詞）を活用するとよい。』

例４　漢語を訓読みの動詞に言い換える例

作業が進捗する　⇒　作業がはかどる　作業が順調に進む
作業が予定どおりに運ぶ

『ただし、訓読みの動詞は意味の範囲が広いため、厳密に意味を特定しなければならないときには不向きなこともあることに留意する。』とされる。

例５　訓読みの動詞の意味が広い例

分ける　⇒　区分する　分配する　引き分ける　など

(5)　紋切り型の表現

『挨拶などの決まりきった言い回しが長くなると、文書の本質がぼ

やけることがある。また、公用文の構成においては、冒頭で根拠となる法令を引用する型がよく用いられる。そのような紋切り型の表現や構成は読み手にとって本当に必要なものであるかを考えて使うようにする。』

『また、国からの通知文書が地方公共団体における紋切り型の表現や構成の元になってしまう場合がある。各府省庁の作成した文書が、都道府県や市町村の文書に与える影響についても念頭に置きたい。』

しかし、『公用文においては、紋切り型が読み手を安心させる効果を生む場合もある。決まった型に従った方がより的確に伝えることができるようなときには、問題なく用いてよい。』としている。

例6　紋切り型の表現の例

所要の改正を行う 十分な周知徹底を図る 事務処理の適正を期する

第４章　表記のルールの変更

1　漢字使用の原則

ポイント

① 原則として常用漢字表にある字種・音訓を用いる
② 字体は、常用漢字表にある字体で
③ 固有名詞は、常用漢字表にない漢字も用いてよい
④ 解説・広報等―読み手への配慮による工夫

説　明

(1)　公用文の表記のルール

「公用文作成の考え方」では、『Ⅰ　表記の原則』として、『「現代仮名遣い」（昭和61年内閣告示第1号）による漢字平仮名交じり文を基本とし、特別な場合を除いて左横書きする』とし、漢字使用の原則等の公用文表記の原則となる基準を整理している。

まず『Ⅰ－1　漢字の使い方』では『(1)　**漢字使用の原則**』を示している。これまでの漢字使用の考え方に大きな変更はないが、新たに、**読み手への配慮に基づいて原則と違う書き方を工夫する**よう求めている点が留意すべき点である。（太字は筆者）

(2)　漢字使用の原則

ア　常用漢字表にある字種・音訓を用いる

『漢字の使用は、「公用文における漢字使用等について」（平成22年内閣訓令第1号）に基づき、「**常用漢字表**」（平成22年内閣告示第2号）

の**本表及び付表**（表の見方及び使い方を含む。）**に従う**。』

『常用漢字表に使える漢字がある語は、例外（後記３に示された例を参照）を除き、その漢字を使って書き表す。』

『**常用漢字表にない漢字**（表外漢字）や漢字が表にあっても**採用されていない音訓**は、原則として**用いない**。』

（括弧書の一部及び太字は筆者）

例１　常用漢字表にない漢字や音訓の表記例

絆　（表にない漢字）　⇒　きずな、絆（きずな）
活かす（表にない訓）　⇒　生かす、活（い）かす

イ　字　体

字体については、旧要領では触れられていなかったが、「公用文作成の考え方」では、新しく次のようなことが示されている。

①　『特別な事情のない限り常用漢字表に示された通用字体を用いる。』

②　『字体・字形に関する印刷文字における習慣や印刷文字と手書き文字との関係等については、常用漢字表の「（付）字体についての解説」及び「常用漢字表の字体・字形に関する指針」（平成28年文化審議会国語分科会報告）に基づく。』

③　『常用漢字表にない漢字を使う必要が生じた場合には、特別な事情のない限り「表外漢字字体表」（平成12年国語審議会答申）に示された印刷標準字体を用いる。』

④　『外国で用いられる漢字の字体は、その字に対応する通用字体又は印刷標準字体に改める。』

この問題については、後記９で説明する。

(3) 固有名詞（地名・人名）

① 『固有名詞は、常用漢字表の適用対象ではない。したがって、**地名は通用している書き方**を用いる。また、**人名は、原則として、本人の意思に基づいた表記**を用いる。ただし、必要に応じて振り仮名を用いる。』

② 『特に差し支えのない場合には、固有名詞についても、常用漢字表の通用字体を用い、また、常用漢字表にない漢字については、表外漢字字体表の印刷標準字体を用いることが望ましい。』

（太字及び丸数字は筆者）

これまで、旧要領では「人名もさしつかえのない限り、常用漢字表の通用字体を用いる」とされていた。

今回示された①の考え方では、いちいち本人の意思を確認しなければ固有名詞を表記することができなくなるのかという疑問がある。また、必要に応じて振り仮名を付するとされるが、人名の読み方は普通、戸籍に記載されていないので、本人の意思に基づくほかはない。公用文においてそこまで求めることが必要だろうか。さらに、②の『特に差し支えのない場合』とは、どのような場合を指すのかよく分からない。自分で表記するときには、本人の意思に基づいた表記を用いることは許容されるべきであろうが、公用文作成に当たってそこまで求めることは極めて困難な場合もあると思われる。

筆者の個人的意見としては、固有名詞についても、一般の公用文においては、原則として常用漢字表の通用字体によることとすべきものと考える。

(4) 読み手への配慮

『解説・広報等においては、児童・生徒や日本語を母語としない人など、常用漢字に十分通じていない人を対象に文書を作成することもある。また、常用漢字を使った用語が、全て平易というわけではない。場合によっては、分かりやすさや読み手への配慮を優先し、常用漢字表の字種・音訓を用いた語であっても、**必要に応じて振り仮名等を用いたり仮名で書いたりする**などの工夫をする。』　（太字は筆者）

例２　振り仮名・仮名を用いた例

語　彙	⇒	語彙（い）、語い
進　捗	⇒	進捗（ちょく）、進ちょく
若しくは	⇒	もしくは
飽くまで	⇒	あくまで
授業の狙い	⇒	授業のねらい

このような読み手への配慮は非常に大切ことである。例２に示されたもののうち、「もしくは」「あくまで」「ねらい」等は仮名で書くことがよいと思われるが、「語い」や「進ちょく」などは、語の一部を仮名書きすることによりかえって分かりにくくなるようにも思われる。これらは、振り仮名や仮名を用いるという方法よりも、むしろ別の語への言い換えを工夫すべきものではないだろうか。

2　常用漢字表にない語の扱い

ポイント

常用漢字表に字種・音訓がない語は次のように扱う。

① 仮名で書く
② 音訓が同じで意味の通じる常用漢字に置き換える
③ 常用漢字を用いた別の言葉に言い換える
④ 常用漢字表にない漢字だけを仮名書きにする
⑤ 振り仮名を付ける

説　明

(1)　常用漢字表の字種・音訓で書き表せない語

常用漢字表の字種・音訓で書き表せない場合には、次の5通りの方法が示されている。

① 仮名で書く
② 音訓が同じで意味の通じる常用漢字に置き換える
③ 常用漢字を用いた別の言葉に言い換える
④ 常用漢字表にない漢字だけを仮名書きにする
⑤ 振り仮名を付ける

「解説」では多くの例が示されているので、大いに参考になる。しかし、どのような場合にどの方法によるべきかという基準については、明らかにされていない。例に挙げられていない場合にはどうすればよいのか、悩むところであろう。

筆者の考えでは、①の仮名で書くことを原則とすべきものと考える。しかし、可能であれば、②や③のように言い換える工夫が望まれる。

一部を仮名書きとする④は避けるべきであろう。⑤の振り仮名を付けるのもやむを得ない場合に限るべきであると考える。

ア　仮名で書く

（ア）　訓による語は平仮名で書く

常用漢字表の字種・音訓で書き表せないもののうち、訓による語は、平仮名で書くものとされる。「訓による語」とは、いわゆる「やまとことば」（和語）を指すものと思われる。

例１　平仮名で書く語の例（常用漢字表に漢字がないもの）

或いは　⇒　あるいは　　謳う　⇒　うたう
嬉しい　⇒　うれしい　　叶う　⇒　かなう
叩く　⇒　たたく　　坩堝　⇒　るつぼ

例２　平仮名で書く語の例（常用漢字表に漢字はあるが読みがないもの）

敢えて　⇒　あえて　　予め　⇒　あらかじめ
未だ　⇒　いまだ　　概ね　⇒　おおむね
自ずから　⇒　おのずから　　止める・留める　⇒　とどめる
（注「とめる」の読みは常用漢字表にある。）
経つ　⇒　たつ　　為す　⇒　なす　　則る　⇒　のっとる
捗る　⇒　はかどる　　以て　⇒　もって
依る・拠る　⇒　よる　　宜しく　⇒　よろしく

例２に挙げられている語は、常用漢字表にあるやさしい漢字を使う語なので、当然その読みもあるものと思って使ってしまうことが多い。注意を要する例である。

（イ）　音による語のうち、漢字を用いないで意味の通るものは、そのまま平仮名で書く

音による語とは、漢語を指すものと思われる。

例3　平仮名で書く漢語の例

斡旋	⇒	あっせん	億劫	⇒	おっくう			
痙攣	⇒	けいれん	御馳走	⇒	ごちそう			
颯爽	⇒	さっそう	杜撰	⇒	ずさん	石鹸	⇒	せっけん
覿面	⇒	てきめん	咄嗟	⇒	とっさ	煉瓦	⇒	れんが

これらは難しい漢字なので、仮名で書く方が分かりやすいと思われる。

（ウ）　動植物の名称を一般語として書く場合

①　常用漢字表にないものは仮名で書く

②　常用漢字表にあるものは漢字で書く

学術的な名称としては、慣用に従い片仮名で書くことができる。これは今回の「公用文作成の考え方」の「解説」で示された新しいルールである。

例4　動植物の名称の表記例（常用漢字表にないもの）

鼠	⇒	ねずみ（ネズミ）	駱駝	⇒	らくだ（ラクダ）
薄	⇒	すすき（ススキ）			

例5　動植物の名称の表記例（常用漢字表にあるもの）

犬（イヌ）	牛（ウシ）
桑（クワ）	桜（サクラ）

イ　音訓が同じで意味の通じる常用漢字を用いて書く

（ア）　常用漢字表中の同じ訓を持つ漢字を用いて書く

例6　常用漢字表の同じ訓を持つ漢字に置き換える例

活かす	⇒	生かす	威す・嚇す	⇒	脅す

伐る・剪る　⇒　切る	口惜しい　⇒　悔しい	
歎く　⇒　嘆く	脱ける　⇒　抜ける	
拓く　⇒　開く	解る・判る　⇒　分かる	
仇　⇒　敵	手許　⇒　手元	想い　⇒　思い
哀しい　⇒　悲しい	真（まこと）に　⇒　誠に	

これらの語も、常用漢字表に読みがないことに気付かないことが多い。「想い（おもい）」や「哀しい（かなしい）」などは一般によく用いられているので、要注意である。

（イ）　常用漢字表中の、同じ音を持ち、意味の通じる漢字を用いて書く

例7　同じ音を持つ意味の通じる漢字に置き換える例

恰好　⇒　格好	確乎　⇒　確固	義捐金　⇒　義援金
醵出金　⇒　拠出金	車輛　⇒　車両	穿鑿　⇒　詮索
洗滌　⇒　洗浄	煽動　⇒　扇動	碇泊　⇒　停泊
顚覆　⇒　転覆	杜絶　⇒　途絶	日蝕　⇒　日食
脳裡　⇒　脳裏	編輯　⇒　編集	抛棄　⇒　放棄
聯合　⇒　連合	煉乳　⇒　練乳	

この例7に見られる置き換えは、今日ではほぼ定着しているものと思われる。

ただし、「洗滌」は、慣用として「せんじょう」と読まれることもあるが本来「せんでき」と読むべきものと思われ、後記ウの例として挙げるべきものと思う。また、「解説」に「吉方→恵方」という例も挙げられているが、「吉」を「え」と読む音は通常の漢和辞典にも載っていない。「よいほう」が「えほう」に転訛したものであろうか。同じ音を持つ漢字に置き換える例であるのかどうか分からないので、例7からは省いている。

ウ　常用漢字を用いた別の言葉に言い換える

（ア）　常用漢字表にある漢字を用いた別の言葉で言い換える

例８　常用漢字表にある漢字を用いた別の言葉に言い換える例

隘路　⇒　支障、困難、障害　　軋轢　⇒　摩擦
改悛　⇒　改心　　干魃　⇒　干害　　瀆職　⇒　汚職
竣工　⇒　落成、完工　　剪除　⇒　切除　　捺印　⇒　押印
誹謗　⇒　中傷、悪口　　逼迫　⇒　切迫
罹災　⇒　被災　　論駁　⇒　反論、抗論

この例８に挙げられた言い換えは、第３章２の例２に「罹災証明書」が挙げられていたように、まだ十分には定着していないようにも思われる。これからの公用文においては、このような言い換えをできる限り工夫していくべきであろう。

（イ）　同じ意味の分かりやすい言い方で言い換える

例９　同じ意味の分かりやすい言い方に言い換える例

安堵する　⇒　安心する、ほっとする　　陥穽　⇒　落とし穴
狭隘な　⇒　狭い　　豪奢な　⇒　豪華な、ぜいたくな
誤謬　⇒　誤り　　塵埃　⇒　ほこり
脆弱な　⇒　弱い、もろい　　庇護する　⇒　かばう、守る
畢竟　⇒　つまるところ　　酩酊する　⇒　酔う
凌駕する　⇒　しのぐ、上回る　　漏洩する　⇒　漏らす

例10　別の言葉（(ア)の例）と分かりやすい言い方（(イ)の例）の両方の言い換えができる例

帰趨　⇒　動向、成り行き　　斟酌　⇒　遠慮、手加減

これらの言い換えでは言いたいニュアンスが伝えられないと感じる場合もあるかもしれないが、そのときは、もっと別な言い換えを工夫

すべきものであろう。

エ　常用漢字表にない漢字だけを仮名書きにする

『他に良い言い換えがない、又は、言い換えをしては不都合なものは、常用漢字表にない漢字だけを仮名書きにする。』

例11　常用漢字表にない漢字を仮名書きする例

絆　⇒　きずな　　綴る　⇒　つづる　　綴じる　⇒　とじる
酉の市　⇒　とりの市

例12　常用漢字表にない漢字を仮名書きする例（語の一部を仮名書きし、一部を漢字とする例）

改竄　⇒　改ざん　　牽引　⇒　けん引
口腔　⇒　口こう（口くう）　　招聘　⇒　招へい

この例12に挙げられるものは、「混ぜ書き」と言われるもので、語の意味がよく分からなくなるおそれがある。このような方法はなるべく避けて、例８・例９に挙げられているように、他の語に言い換える工夫をすべきものと考える。

なお、『ウに例示した語でも、文書の目的や想定される読み手の在り方に合わせて、この方法を用いることができる。』とされているが、賛成できない。むしろ例12に挙げられている語については、ウの方法によるべきものと考える。

なお、『化学用語など、片仮名を用いる場合もある。』

例13　片仮名を用いる例

燐酸　⇒　リン酸　　沃素　⇒　ヨウ素　　弗素　⇒　フッ素

オ　振り仮名を付ける

他に良い言い換えがない、又は言い換えをしては不都合なものは、常用漢字表にない漢字を用いて振り仮名を付けるという方法もある。

例14　常用漢字表にない漢字に振り仮名を付ける例

改竄　⇒　改竄（ざん）　　絆　⇒　絆（きずな）　　牽引　⇒　牽（けん）引
口腔　⇒　口腔（こう）　　招聘　⇒　招聘（へい）　　綴る　⇒　綴（つづ）る
綴じる　⇒　綴（と）じる　　酉の市　⇒　酉（とり）の市

どうしても適切な言い換えが見当たらないときには、例12のように混ぜ書きにするのではなく、例14のように振り仮名を用いるべきものと考える。

例11に挙げられた「きずな」「つづる」「とじる」などは、仮名で十分意味が通じると思われるので、例14のようにわざわざ難しい漢字を使って振り仮名を付ける方法を採る必要はないものと思う。

カ　振り仮名の付け方

（ア）　原則として常用漢字表にない漢字・音訓にだけ、振り仮名を付ける

『常用漢字表にない漢字や音訓を用いるときには、必ず振り仮名を付けるなどする。その際には法令と同様に、原則として熟語のうち常用漢字表にない漢字と音訓にのみ振り仮名を付ける。ただし、読み手に配慮して、熟語全体に振り仮名を付すこともある。』

（イ）　文書全体又は章ごとの初めにだけ、振り仮名を付ける

『振り仮名は該当する漢字が現れる度に付ける必要はない。文書全体又は章ごとの初出に示すなどの基準を定め、文書内で統一して行うようにする。なお、振り仮名は見出しではなく本文部分に付すのが一般的である。』

例15　振り仮名の付け方の例

忸怩《じくじ》たる思い　　目標へ邁《まい》進する　　指揮者を招聘《へい》する 未来を拓《ひら》く

キ　括弧内に読み方を示すこともできる

『情報機器の設定等の関係で、振り仮名を用いることが難しい場合には、その漢字の後に括弧に入れて示すこともできる。その際、熟語についてはその全体の読み方を示す方が読み取りやすい。』

例16　括弧内に読み方を示す例

忸怩（じくじ）たる思い　　目標へ邁進（まいしん）する 指揮者を招聘（しょうへい）する　　未来を拓（ひら）く

このように括弧内に読み方を示す方法は、文章の流れを分断する可能性もある。しかし、振り仮名を付ける方法では、小さなルビの文字が読み取りにくいため読み間違いを起こすこともある。どうしても常用漢字表にない字種・音訓を用いる必要がある場合には、情報機器の設定等とは関係なく、このように括弧内に読み方を示す方法が今後もっと用いられてもよいと考える。

3　漢字と仮名の使い分け

ポイント

① 常用漢字表にあっても仮名で書くもの
助詞、助動詞、動詞・形容詞の補助的用法、形式名詞、指示代名詞等
② 仮名書きを基本とするが一部のものを漢字で書くもの
接続詞、連体詞、接頭辞・接尾辞
③ 漢字で書くことを基本とするが一部のものを仮名で書くもの
動詞、副詞、形容詞
④ 法令に倣って仮名で書くもの
⑤ 読み手への配慮等により、仮名を使う場合がある

説　　明

(1)　常用漢字表に使える漢字があっても仮名で書く場合

常用漢字表に使える漢字があっても仮名で書く場合がある。

「解説」では『書き表そうとする語に使える漢字とその音訓が常用漢字表にある場合には、その漢字を用いて書くのが原則である。ただし、例外として仮名で書くものがある。』として、次の五つの場合が示されている。

①　仮名で書くもの
　助詞、助動詞、動詞・形容詞の補助的用法、形式名詞、指示代名詞等

②　仮名書きを基本とするが一部のものを漢字で書くもの
　接続詞、連体詞、接頭辞・接尾辞

③　漢字で書くことを基本とするが一部のものを仮名で書くもの
　動詞、副詞、形容詞
④　法令に倣って仮名で書くもの
　おそれ　かつ　ただし　ほか　～による
⑤　読み手への配慮や慣用に基づいて、仮名を使う

この最後の⑤は、今回の「公用文作成の考え方」により示された新しいルールである。

ア　仮名で書くもの

仮名で書くものとして、①**助詞**、②**助動詞**、③**動詞・形容詞**などの**補助的な用法**、④**形式名詞**、⑤**指示代名詞**、⑥**その他**のものがある。

具体的には次のとおりである。

（ア）　助　詞

助詞とは、他の語に付いてその語と続く語との関係や話し手の感情などを表すものである。通常「てにをは」と言われているものである。日本語には数多くの助詞があるが、ほとんどのものが仮名で表記される。

例１　常用漢字表にあっても仮名で書く助詞の例

位　⇒　くらい（程度）　　程　⇒　ほど（程度） 等　⇒　など（例示）（なお、「等」は「とう」と読ませるときに用いる。）

このほか、「だけ（丈）」や「ばかり（許り）」については、「丈」「許」の漢字は常用漢字表にあるが「だけ」「ばかり」の音訓が常用漢字表にない。また、「まで（迄）」については、「迄」は常用漢字表に挙げられていない。したがって、これらも当然に仮名で書く。

（イ）　助動詞

助動詞とは、付属語で活用があるものをいう。「れる・られる」や「そうだ」「らしい」のように、動詞、形容詞あるいは名詞等に付いて、受身や可能、推量等の何らかの意味を添えるものである。これらの助動詞も仮名で書く。

例２　助動詞の表記の例

～の様だ　⇒　～のようだ　　（やむを得）無い　⇒　～ない

（ウ）　動詞・形容詞などの補助的な用法

動詞や形容詞が、その本来の意味から離れて主たる述語に補助的な意味を添えるものであるときは、仮名で書く。

例３　動詞や形容詞の補助的用法の例

～（し）て行く　⇒　ていく　　～（し）て頂く　⇒　ていただく ～（し）て下さる　⇒　てくださる ～（し）て来る　⇒　てくる　　～（し）て見る　⇒　てみる ～（し）て欲しい　⇒　てほしい　　～（し）て良い　⇒　てよい

『実際の動作・状態等を表す場合は「…街へ行く」「…賞状を頂く」「…贈り物を下さる」「…東から来る」「しっかり見る」「資格が欲しい」「声が良い」のように漢字を用いる。』

（エ）　形式名詞

形式名詞も仮名で書く。形式名詞とは、名詞としての実質的意味が薄れてそこに書かれた内容を示す補助的な語として用いられるものである。

例４　形式名詞の例

事　⇒　こと　　時　⇒　とき　　所・処　⇒　ところ 物・者　⇒　もの

例４に挙げられているもののほか、「はず」「とおり」「ため」なども形式名詞を仮名で書く例である。

『ただし、「事は重大である」「法律の定める年齢に達した時」「家を建てる所」「所持する物」「裁判所の指名した者」のように、具体的に特定できる対象がある場合には漢字で書く。』

例５　形式名詞を仮名で書く場合と漢字で書く場合の使い分けの例

中・内	⇒	うち	（「…のうち」等。「内に秘める」などは漢字で書く。）
通り	⇒	とおり	（「通知のとおり」「思ったとおり」等。「大通り」などは漢字で書く。）
故	⇒	ゆえ	（「それゆえ…」等。「故あって」などは漢字で書く。）
訳	⇒	わけ	（「そうするわけにはいかない」等。「訳あって」などは漢字で書く。）

（オ）　指示代名詞

指示代名詞（「これ」「それ」「あれ」等）は仮名で書く。

例６　指示代名詞の例

これ　　それ　　どれ　　ここ　　そこ　　どこ

人称代名詞（「私」「彼」「誰」等）については、この「公用文作成の考え方」では触れられていないが、常用漢字表に載っているものは漢字で書くことが原則である（「公用文における漢字使用等について」（平成22年内閣訓令第1号）参照）。

（カ）　漢字の持つ実質的な意味が薄くなっているものは仮名で書く

例７　漢字の持つ実質的な意味が薄れた語の例

有難う　⇒　ありがとう（ただし「有り難い」は漢字で書く。）

お早う	⇒	おはよう	今日は	⇒	こんにちは
逆様	⇒	逆さま			

「ありがとう」は仮名で「有り難い」は漢字を用いるという使い分けは少し難しい。また、「逆様」は、本来の意味を失っているとまでは言えないように思うが、ここに挙げられているように、仮名で書くことが適切であろう。

（キ） いわゆる「当て字」や「熟字訓」は、常用漢字表の付表にある語を除き、仮名で書く

例8 当て字・熟字訓の例

何時	⇒	いつ	如何	⇒	いかん	思惑	⇒	思わく
流石	⇒	さすが	素晴らしい	⇒	すばらしい			
煙草	⇒	たばこ	一寸	⇒	ちょっと			
普段	⇒	ふだん	滅多	⇒	めった			

常用漢字表の付表には、「明日（あす）」「小豆（あずき）」以下多くの語が載っているが、これらをすべて記憶することは至難である。疑問を感じたときは常用漢字表とその付表を常にチェックすることが求められる。

また、『「明後日（あさって）」「十八番（おはこ）」など、熟語の読みが常用漢字表の付表に載っていないものは、音読み（「みょうごにち」「じゅうはちばん」）でのみ用いる。「あさって」「おはこ」と読ませたい場合には、仮名で書くか振り仮名を付ける』とされている。

「明日」は漢字で、「あさって」は仮名で書くのも、文脈によっては奇異な感じを与えることもあろう。常用漢字表の付表についても柔軟な運用を考慮すべきものと思う。

（ク） その他の仮名で書くもの

その他の仮名で書くものの例として、「解説」には「共→とも（…す

るとともに)」が挙げられ、ただし、『「彼と共に…」などは漢字で書く』とされている。この使い分けは難しすぎると思われるので、今後再検討すべきものと考える。

イ　仮名書きを基本とするが一部のものを漢字で書くもの

仮名書きを基本とするが一部を漢字で書くものには、①**接続詞**、②**連体詞**、③**接頭辞・接尾辞**がある。

（ア）　接続詞

接続詞は、前後の文をつないだり、前後の語を結び付けたりする役割をする語である。

①　接続詞は、原則として仮名で書く

例９　仮名で書く接続詞の例

しかし　しかしながら　そして　そうして　そこで それゆえ　ただし　ところが　ところで

ただし、接続詞として使われる語が副詞や動詞として使われることがあり、そのときは漢字を用いることとされる。

例10　副詞や動詞として使われるとき漢字で書く語の例

さらに　(副詞の「更に」連体詞の「更なる」は漢字で書く。) したがって　(動詞の「従う」)は漢字で書く。) また　(副詞の「又」は漢字で書く。)

この例10に挙げられた語については、副詞か接続詞かの区別が非常に紛らわしい場合があり、常に注意が必要である。私見では、副詞と接続詞の区別は極めて曖昧なので、このような区別は避けて、副詞も接続詞も仮名で書くことに統一すべきものと考える。

② 接続詞のうち「及び」「並びに」「又は」「若しくは」の4語は漢字で書く

例11　漢字で書く接続詞

及び　並びに　又は　若しくは

接続詞のうちこの4語だけは漢字を使って書くものとされる。従来からのルールであり、法令における漢字使用の考え方が公用文にも及ばされたものである。今日では、法令文における表記も含めた再検討の必要があるものと考える。

（イ） 連体詞

連体詞とは、名詞等を修飾する語で活用のないものである。仮名書きを基本として一部を漢字で書くものとされる。これまで「公用文における漢字使用等について」では「連体詞は、原則として、漢字で書く」としていた。原則と例外が逆になったが、実質的にはほとんど変更はないように思われる。

例12　仮名で書く連体詞の例

あらゆる　ある（～日）　いかなる　いわゆる この　その　どの

例13　漢字で書く連体詞の例

来る（きたる）　去る　当の　我が

この仮名で書くものと漢字で書くものの区別もなかなか難しいが、例13の「当の」は、仮名で「とうの」と書くと何のことか分からなくなるので、やむを得ないかもしれない。

このほか、「公用文における漢字使用等について」には「明くる」「大きな」「小さな」が挙げられている。これらも漢字で書く連体詞であると思われる。

（ウ）　接頭辞・接尾辞

接頭辞・接尾辞は、仮名で書くことを基本とするが、例外的に漢字を用いる場合もある。

例14　仮名で書く接頭辞・接尾辞の例

お…（お菓子、お願い）	…げ（「惜しげもなく」）
…とも（「二人とも」）	…たち（「私たち」）
…ら（「僕ら」）	…ぶる（「もったいぶる」）
…ぶり（「説明ぶり」）	…み（「有り難み」）

例外として、『「**御（おん）**」「**御（ご）**」と読ませる場合『は、**漢字で書く**。』　（太字は筆者）

例15　「御（おん・ご）」と漢字で書く例

御中　　御礼　　御挨拶　　御意見

『ただし、常用漢字表にない漢字を含む語は仮名書きし、「御」も仮名で書く。』

例16　「御（ご）」を仮名で書く例

御馳走　⇒　ごちそう　　御尤も　⇒　ごもっとも

これまで「公用文における漢字使用等について」では、「御（ご）」等の接頭語については、「その接頭語が付く語を漢字で書く場合は、原則として、漢字で書き、その接頭語が付く語を仮名で書く場合は、原則として、仮名で書く」とされていた。これはそのルールを変更したものであろうか。

ウ　漢字で書くことを基本とするが一部のものを仮名で書くもの

動詞、副詞等は、漢字で書くことを基本とするが、一部のものは仮名で書くこととされている。

（ア）　動　詞

動詞は、漢字で書くことを原則とするが、**一部仮名で書く**ものがある。

例17　常用漢字表にあっても仮名で書く動詞の例

居る　⇒　いる
出来る　⇒　できる（「利用ができる」。ただし「出来が良い」などは漢字で書く。）
成る　⇒　なる（「1万円になる」。ただし、「歩が金に成る」「本表と付表から成る」などは漢字で書く。）

動詞は漢字で書くといっても、活用語尾について送り仮名を送ることは当然である。

（イ）　副　詞

副詞は、動詞・形容詞等の用言について、「すぐ」「やがて」「かなり」など、状態や程度を表すものである。**副詞は漢字で書く**ことを原則とするが、**一部の副詞は仮名で書く**。

例18　漢字があっても仮名で書く例

色々　⇒　いろいろ　　概ね　⇒　おおむね
自ずから　⇒　おのずから　　沢山　⇒　たくさん
丁度　⇒　ちょうど　　余程　⇒　よほど

例19　その他の仮名で書く副詞の例

いかに　　いずれ　　かなり　　ここに　　とても
やがて　　わざと　　わざわざ

漢字で書く副詞の例は「公用文における漢字使用等について」に詳しく挙げられているので参照していただきたい。

なお、副詞と接続詞は重なるものもある（「更に」「併せて」など）。同じ語でも、副詞として用いるときは漢字で書き、接続詞として用いるときは仮名で書くというルールは分かりにくい。私見では、どちらも、原則として仮名で書くことに統一すべきものと考える。

（ウ）　ある・ない

「ある」「ない」は、原則として仮名で書く。

例20　「ある」「ない」を仮名で書く例

問題がある　　欠点がない

ただし、有無の対照や「所在・存在」を強調するときは漢字で書く。

例21　「有る・在る」「無い」を漢字で書く例

財産が有る　　有り・無し　　在り方　　在りし日 日本はアジアの東に在る

エ　常用漢字表にあっても法令に倣い仮名で書くもの

「法令における漢字使用等について」（平成22年内閣法制局長官決定）には、常用漢字表にあるものでも、次の例に挙げられるものは仮名で表記するものとされている。今回の「解説」でも、これらについては仮名で書くこととされた。

例22　常用漢字表にあっても仮名で表記する語の例

虞　⇒　おそれ　　且つ　⇒　かつ　　但し　⇒　ただし 但書　⇒　ただし書　　外・他　⇒　ほか　　因る　⇒　よる

オ　読み手への配慮や社会の慣用に基づいて、仮名を使う場合

「解説」では、読み手への配慮や社会の慣用に基づいて、仮名を使うべき場合もあるとして、

『次に例示するような語を公用文で用いる際には、漢字で書くことになっているが、一般の社会生活では仮名で表記する場合も多い。解説・広報等においては、分かりやすさや親しみやすい表現を優先する観点から、必要に応じて仮名で書くことがある。』としている。

例23　読み手への配慮や社会の慣用により仮名を使う例

接頭辞	「御」　御指導　⇒　ご指導	
	御参加　⇒　ご参加　等	
接続詞	及び　⇒　および	並びに　⇒　ならびに
	又は　⇒　または	若しくは　⇒　もしくは
副　詞	飽くまで　⇒　あくまで	余り　⇒　あまり
	幾ら　⇒　いくら	既に　⇒　すでに
	直ちに　⇒　ただちに	何分　⇒　なにぶん
	正に　⇒　まさに	

この考え方は、今回の新しい提案であるが、全面的に賛同したい。例23に挙げられているものについては、解説・広報等だけでなく一般の公用文においても仮名で書くことを検討すべきものと思う。

もともと、接続詞は仮名で書き副詞は漢字で書くという従来の公用文のルールはその使い分けが難しすぎる。また、接続詞は仮名で書くものとしながら「及び」「並びに」「又は」「若しくは」の4語のみは漢字を用いるというルールも、再検討の時期に来ていると考える。

更に言えば、今の常用漢字表には難しい漢字が多すぎる。常用漢字表に漢字があっても仮名を使う場合がもっとあってもよいと思う。

「曖昧」「憂鬱」など、手書きしようとすると、記憶があいまいになり、ゆううつな気分になる。「あいまい」「ゆううつ」と仮名で書くことで十分意味が通ずると思われるので、解説・広報等のみならず、仮名で書くべきものと考える。

4　送り仮名

ポイント

①　送り仮名は、「**送り仮名の付け方**」の「**本則**」と「**例外**」による

②　**複合の語のうち読み間違えるおそれのない名詞（186語）**は、**送り仮名を省く**

③　文書の性格や読み手に配慮し、**送り仮名を省かずに書くこと**もできる

説　　明

(1)　送り仮名の付け方

『送り仮名は漢字に添えて読み誤りを防ぎ、意味を明確にする効果がある。原則として「**送り仮名の付け方**」（昭和48年内閣告示第2号）の「**本則**」と「**例外**」**に従って送る**。これは、義務教育で学ぶ送り仮名の付け方と一致する。』　（太字は筆者）

「送り仮名の付け方」は、通則1〜7で成っていて、それぞれ「本則」「例外」「許容」の3通りのルールが定められているが、原則として「本則」と「例外」によるべきことは当然である。問題は、どのような場合に「許容」を用いるのかということになる。

ア　複合の語のうち読み間違えるおそれのない名詞は、送り仮名を省く

『公用文では、活用のない複合の語186語に関しては、「許容」とされている表記（誤読等のおそれのない場合は送り仮名を省く）をあえ

て用いることとなっている。』

『告示・通知等の文書では、法令と公用文における表記を一致させる考え方に基づき、**活用がない複合の語**について**「送り仮名の付け方」通則6の「許容」**（読み間違えるおそれがないものについては送り仮名を省くことができる）**を適用する。**』　　（太字は筆者）

『該当するのは、「公用文における漢字使用等について」に示された、以下の名詞である。』

として、**「公用文における漢字使用等について」に示された186語**を列挙している。

例1　読み間違えるおそれのない複合の語で送り仮名を省くものの例

明渡し　　預り金　　言渡し　　入替え　　植付け　　（以下略）

以上のように、「解説」では、「送り仮名の付け方」通則6の「許容」を適用して送り仮名を省く語を「公用文における漢字使用等について」に示された186語に限り、かつ、適用される文書を「告示・通知等」に限定している。

186語以外の語でそれらに類する語についてはどうするのか、法令及び告示・通知以外の公用文ではこの「許容」を適用するのかしないのか等については、明確にはされていない。

なお、『同様の漢字を使う複合の語でも、動詞については、送り仮名の付け方の「本則」に従って書く。』とされているが、これは従来からのルールである。

例2　動詞について送り仮名を省かずに書く例

入れ替える　　売り上げる　　仕分ける　　問い合わせる 申し合わせる　　呼び出す

この例１と例２を比較すれば分かるように、同じ語が名詞として用いられるときと、動詞として用いられるときとでは、送り仮名の付け方が異なることとなる。これは一見奇異な感じを与えるが、それが名詞として使われているのか動詞として使われているのかが判別できるという効果もある。このように複合の語のうち活用のない語についてのみ送り仮名を省くこととする従来からのルールの是非については、議論が分かれるところであろう。

イ　慣用が固定している名詞は送り仮名を省く

『「送り仮名の付け方」通則7に従い、**特定の領域の語で慣用が固定している名詞**（「取締役」「書留」等）、**一般に慣用が固定している名詞**（「子守」「献立」「日付」等）**は送り仮名を省いて書く**こととなっている。』

『これに当たる語であるかどうかは、通則7や「法令における漢字使用等について」の「2　送り仮名について」の(2)のイに挙げられた例によって確認できる。これらの例になく、慣用が固定しているかどうか判断できないときや、読み手が読みにくいと考えられるときには、**送り仮名を省かずに書くこともできる**。』　（太字は筆者）

例３　慣用が固定している名詞の例

合図　　合服　　合間　　預入金　　編上靴

「法令における漢字使用等について」（平成22年内閣法制局長官決定）の2(2)イでは、「活用のない語で慣用が固定していると認められる次の例に示すような語については、「送り仮名の付け方」の本文の通則7により、送り仮名を付けない」とされているが、そこに挙げられている語は「例」であって、それらに類するものも送り仮名を省くべきものと考える。

ウ　文書の性格や読み手に配慮し、送り仮名を省かずに書くこともできる

『広く一般の人に向けた解説・広報等においては、読み手に配慮して、多くの人が理解している学校教育で学ぶ表記を用いた方が良い場合がある。社会では、学校教育で学んだ表記が広く用いられており、公用文で使われる送り仮名を省く表記を見慣れていない人も多い。』

例４　公用文表記の原則と学校教育で学ぶ表記の比較

公用文表記の原則	学校教育で学ぶ表記
食品売場	食品売り場
期限付の職	期限付きの職
解約の手続	解約の手続き
雇主責任	雇い主責任

これは、今回の「公用文作成の考え方」が示す新しい考え方である。公用文作成に当たって、読み手に配慮するという考え方には学ぶべきものがあると思う。

しかし、公用文における送り仮名の付け方の新しいルールとして考えたときには問題もある。公用文における送り仮名の付け方が、文書の種類や読み手への配慮によってバラバラである方がよいのかどうか、公用文の書き手に無用の負担を求めることにならないか、等の問題である。

『社会では学校教育で学んだ表記が広く用いられており』とするが、果たしてそうだろうか。確かに、新聞等では、一般に「本則」「例外」に定められた送り仮名を用い、「許容」として認められる送り仮名を省くルールを用いていない。しかし、小説や詩などの文学作品ではどうだろうか。ビジネス文書や学術論文ではどうだろうか。一般的な印象では、送り仮名についてはそれほど意識されていず、読み間違いのお

それのないときには適宜省略されているように思われる。

例4に挙げられている公用文の表記はそれほど見慣れないものだろうか。読み間違いのおそれがあるのだろうか。送り仮名を省略することのメリットもある。複合の語については、送り仮名を省略することでそれが一語であることが分かり、全体の理解を助けるという面がある。例えば「雇主責任」なら一つの語であることが視覚的に明確だが、「雇い主責任」だと「雇い」と「主責任」の二つの語として読んでしまう可能性もある。

法令文がどうして複合の語のうち活用のない語に限って送り仮名を省略するというルールを採用したのかということも考慮し、今後公用文全体として送り仮名の付け方のルールを統一することに向けた検討を希望する。

学校教育で学んでいるかどうかという問題に関連して言うならば、義務教育で教えられていない常用漢字は多い。難しい漢字の使用をもっと制限する方が公用文を分かりやすくするのに役立つものと考える。

5　外来語の表記

ポイント

① 外来語の表記は、「外来語の表記」第1表・第2表による
② 日本語として定着した外来語は、第1表による
③ 必要な場合には、原語の発音に近づくように書く
④ 長音は、原則として長音符号（ー）を使って書く

説　　明

(1)　外来語の表記

ア　外来語の表記は、「外来語の表記」（平成3年内閣告示第2号）に基づく

『外来語を片仮名によって表記する場合、
① 日本語の音韻の範囲内で無理なく発音できる表記と、
② 原語に近く発音するための手掛かりとなる表記の2通りがある。
「外来語の表記」にある二つの表のうち、主に前者には第1表が、後者には第2表が対応する。』　（丸数字、箇条書は筆者）

『二つの表にない表記は、原則として用いない。』

外来語の表記については、「旧要領」では単に片仮名書きにするとされ、いくつかの例が挙げられているが、具体的な表記のルールは定められていなかった。「公用文作成の考え方では、原則としてこの「外来語の表記」によることとしている。

表1　「外来語の表記」第1表に掲げられている仮名

アイウエオ	カキクケコ	サシスセソ	タチツテト
ナニヌネノ	ハヒフヘホ	マミムメモ	ヤユヨ

ラリルレロ　ワ
ガギグゲゴ　ザジズゼゾ　ダデド　バビブベボ
パピプペポ
キャキュキョ　シャシュショ　チャチュチョ
ニャニュニョ　ヒャヒュヒョ　ミャミュミョ
リャリュリョ
ギャギュギョ　ジャジュジョ　ビャビュビョ
ピャピュピョ
ン（撥音）　ッ（促音）　ー（長音記号）
シェ　チェ　ツァ　ツェ　ツォ　ティ
ファ　フィ　フェ　フォ
ジェ　ディ　デュ

表２　「外来語の表記」第2表に掲げられている仮名

イェ　ウィ　ウェ　ウォ
クァ　クィ　クェ　クォ
ツィ　トゥ　グァ　ドゥ
ヴァ　ヴィ　ヴ　ヴェ　ヴォ
テュ　フュ　ヴュ

第1表に掲げられている仮名は、外来語や外国の地名・人名を書き表すのに**一般的に用いられる**仮名である。

第2表に掲げられている仮名は、外来語や外国の地名・人名を**原音や原つづりになるべく近く書き表そうとする場合に用いられる**仮名である。

「外来語の表記」では「第1表・第2表に示す仮名では書き表せないような、特別の書き表し方については、ここでは取決めを行わず、自由とする」とされるが、公用文においては第1表・第2表にない表記は原則として用いないこととされた。

「外来語の表記」には、具体的な表記例が数多く挙げられていて参考になるが、「慣用のある場合は、それによる」「～することもできる」等とされているものが多く、実際の表記に当たっては悩むことも少なくない。

イ　日本語として広く使われている表記を用いる

『国語として定着した外来語は、第1表にある表記で書き表す。』

例1　国語として定着した外来語の例

セロハン　　プラスチック　　デジタル

『これらは、同様に第1表内の「ファ」「ティ」「ディ」によって、「セロファン、プラスティック、ディジタルと書くこともできるが、広く使われ理解されている表記を用いる。』

ウ　必要な場合には、原語の発音に近づくように書く

（ア）　元の外国語の発音に近づける必要のある場合

『比較的近年になって取り入れられた外来語については、原語（主に英語）の発音を耳にする機会が多くなったことなどから、第2表で書き表す方が主となっている場合がある。元の外国語の発音やつづりと関連付けることが慣用になっている場合は、次に挙げるように第2表を活用する。』

例2　第2表の仮名を用いる表記の例

ウェイト　　ウェブ　　クォーク　　フュージョン

（イ）　人名・地名の表記

『特に人名・地名など固有名詞は原音に近く書き表す慣用があり、例えば第2表のウィ、ウェ、ウォを用いた表記では、ウィリアム、ウェ

ールズ、ウォール街などが広く用いられている。』

例３　固有名詞について第2表の仮名を用いる表記の例

ウィリアム	ウェールズ	ウォール街

（ウ）　一つの文書内で異なる表記を用いない

『一般の用語は、第1表に従って書くことが基本となる。必要があって第2表に基づく場合には、一つの文書内で異同を生じないようにする。』

例４　第1表による表記と第2表による表記の比較

第1表によるもの	ウイルス	ウエディング	ウオーター　等
第2表によるもの	ウィルス	ウェディング	ウォーター　等

（エ）　「ヴ」を用いた表記はむやみに用いない

『また、第2表によれば、バ行に「ヴァイオリン」「ヴェール」のように「ヴ」を使用できるが、日本語としてそのとおり発音されることは少ない。原則として「バビブベボ」を用い、「ヴ」をむやみに使用することは慎む。さらに、原語に近づけるため二つの表にない表記を用いることはしない。』

今日では、「ウィ」「ウェ」「ウォ」の表記は、「ファ」「フィ」「フェ」「フォ」と同じ程度に日本語の表記として用いられているようにも思われるが、実際の発音としては、通常「ウイルス」「ウエディング」「ウオーター」と言っているかもしれない。

エ　長音は、原則として長音符号を使って書く

（ア）　長音符号を用いる場合

『長音は、長音符号（「ー」）を使って書く。』　（括弧書は筆者）

例5　長音符号を使う例

エネルギー　　オーバーコート　　グループ　　ゲーム ショー　　メール

（イ）　長音符号を使わない場合

『ただし、次のようなものは慣用に従い、長音符号を用いずに書く。』

例6　長音符号を使わない例

バレエ（舞踊）　　ミイラ　　エイト　　ペイント レイアウト　　サラダボウル

（ウ）　英語の「-er」「-or」「-ar」、「-ty」「-ry」に当たる語は長音符号を用いて表記する

『英語の語末の「-er」「-or」「-ar」などに当たるものは、ア列の長音とし、長音符号を用いて書くのが原則である。そのほか、「-ty」「-ry」など、yで終わる語も長音符号を用いて書く。』

例7　英語の「-er」「-or」「-ar」、「-ty」「-ry」に当たる語の表記例

コンピューター（computer）　　エレベーター（elevator） カレンダー（calendar）　　コミュニティー（community） カテゴリー（category）

（エ）　片仮名の外来語に振り仮名を付ける方法

『なお、片仮名で表記されている人名、地名、外来語の長音に平仮名で振り仮名を付けるような場合には、便宜的に長音符号をそのまま用いてよい。』

例8　平仮名による振り仮名に長音符号を用いる例

リチャード（りちゃーど）　　メアリー（めありー）　　デンマーク（でんまーく）　　ポーランド（ぽーらんど） サービス（さーびす）　　テーマ（てーま）

6　数　字

ポイント

①　横書きでは、算用数字を使う
②　縦書きでは、漢数字を使う
③　横書きで漢数字を使う場合
　㋐　概　数
　㋑　熟語、成語、ことわざ
　㋒　常用漢字表の訓、付表の語
　㋓　他の数字と置き換えられない数
　㋔　歴史、伝統文化、宗教等の用語

説　　明

(1)　数字の表記

①　横書きでは、算用数字を使う。

②　縦書きでは、漢数字を使う。

以上が原則である。

③　例外として、横書きで漢数字を使うのは、次のような場合である。

　㋐　概　数
　㋑　熟語、成語、ことわざ
　㋒　常用漢字表の訓、付表の語
　㋓　他の数字と置き換えられない数
　㋔　歴史、伝統文化、宗教等の用語

ア　横書きでは算用数字を使う

例1　算用数字を使う例

令和2年11月26日　　午後2時37分　　72% 電話：03－5253－＊＊＊＊

イ　横書きで数字を表記する場合の方法

（ア）　大きな数は、三桁ごとにコンマで区切る

『四桁以上の数は三桁ごとにコンマで区切って書く。』

例2　三桁ごとにコンマで区切る例

5,000　　62,250円　　1,254,372人

（イ）　兆・億・万の単位は、漢字を使う

『「5兆、100億、30万円」のような場合には、兆・億・万を漢字で書く。』

『千・百は、例えば「5千」「3百」としないで、「5,000」「300」と書く。』

『単位の漢字と算用数字を合わせて使う場合、数字だけの場合とコンマの位置がずれることによる混乱を避けるため、コンマを省いてもよい。』

例3　億・万を用いた数字の表記例

1億2,644万3,000人　／　1億2644万3000人

兆・億・万のような漢数字を用いて単位を示す場合に、三桁ごとにコンマを打つことは適当でないように思われる。

（ウ）　全角・半角の使い分け

『算用数字に全角を用いるか半角を用いるかについて、特に定めは

ないが、使い分けの考え方を**文書内で統一する**。その際、全角と半角が混在すると、印刷文字（フォント）の選択によっては、不ぞろいや不自然な空白などが生じ、読み取りにくくなる場合があることに留意する。とりわけ年月日などの一まとまりの部分では注意が必要である。』

『また、**データや金額等の数値を示す場合には、半角数字を用いる**。全角の数字は、情報処理において数値として認識されない場合がある。』　（太字は筆者）

ウ　横書きで漢数字を使う場合

（ア）　概数は、漢数字を使う

例４　概数の表記の例

二十余人　数十人　四、五十人

なお、『算用数字で統一したい場合は、「20人余り」「40～50人」などと書き方を工夫する。』とされている。

（イ）　熟語、成語、ことわざは、漢数字を使う

『語を構成する数や常用漢字表の訓による数え方などは、漢数字を使う。』として、次のような場合には漢数字を使うものとしている。

①　熟語、成語、ことわざを構成する数

②　常用漢字表の訓、付表の語を用いた数え方

③　他の数字と置き換えられない数

④　歴史、伝統文化、宗教等の用語

例５　熟語、成語、ことわざの例

二者択一　千里の道も一歩から　三日坊主　再三再四

「解説」には、このほか「幾百」「幾千」が挙げられているが、これが熟語や成語に当たるのかどうかは疑問である。

（ウ）　常用漢字表の訓、付表の語を用いた数え方

例６　常用漢字表の訓、付表の語の例（括弧内は読み方）

一つ、二つ、三つ…　　一人（ひとり）、二人（ふたり）…
一日（ついたち）、二日（ふつか）、三日（みっか）…
一間（ひとま）、二間（ふたま）、三間（みま）…

『「ひとつ、ふたつ、みっつ…」は和語であり、常用漢字表で漢字の訓として整理されていることに従い「**一つ、二つ、三つ…**」**と書く**。このことは学校教育でも同様に扱われている。』

『ただし、一般の社会生活において、横書きでは算用数字を使った「1つ、2つ、3つ…」という表記が広く使われている。**広報等で明確に数を数えているような場合などに限って、算用数字を用いて表記する**ことがある。このことは「一人、二人、三人…」「一日、二日、三日…」などでも同様である。』　（太字は筆者）

私見では、広報等に限らず、「1つ、2つ、3つ、…」という表記を認めるべきであると考えている。「1日、2日、3日…」等の表記も用いられてよいものと考える。

常用漢字表の訓や付表にあるということは、そのような表記が可能であるということにすぎず、算用数字を用いた表記を否定する根拠にはならない。今後検討すべき問題である。

（エ）　他の数字と置き換えられない数

他の数字と置き換えられない数についても、漢数字を用いる。

例７　他の数字と置き換えられない数の例

三権分立　　六法全書　　七福神　　二十四節気

しかし「三権分立」などは、批判的な意味で「四権分立」という言葉が使われることがある。「他の数字と置き換えられない数」というよりは、(イ)に挙げられる成語の例ではないだろうか。「二十四節気」についても同様であり、この「他の数字と置き換えられない数」という項目にはやや疑問もある。

（オ）　歴史、伝統文化、宗教等の用語

歴史、伝統文化、宗教等の用語も漢数字を用いるとされる。

例８　歴史、伝統文化、宗教等の用語の例

前九年の役　　三国干渉　　三代目坂田藤十郎
お七夜　　七五三　　四十九日

エ　縦書きには漢数字を使う

『告示や質問主意書に対する答弁書等の縦書きでは、原則として漢数字を省略せず用いる。』

例９　漢数字の書き方

令和二年十一月二十六日　　千九百八十三年
二時三十七分　　七十二・三パーセント

『広報等の縦書きでは、次のような書き方をすることがある。』

例10　縦書きで「億万千百十」等の単位を表記しない例

一九八三年　　五三人　　二時三七分
2時37分　　72・3パーセント（又は％）
電話：〇三―五二五三―＊＊＊＊（ゼロには「〇」を用いる。）

今後は、広報等に限らず、一般の公用文においても例10のような表記が用いられるようになるものと思われる。

オ　その他の諸注意

（ア）　縦書きされた漢数字を横書きで引用する場合には、算用数字にする

例11　　縦書きされた漢数字を横書きする例

> なお、昭和五十六年内閣告示第一号は廃止する。
> ⇒　なお、昭和56年内閣告示第1号は廃止する。

『ただし、元の表記を示すために、漢数字を用いる場合もある。』

（イ）　横書きでは「○か所」「○か月」、縦書きでは「○箇所」「○箇月」と書く

『常用漢字表には「箇」が採られているが、横書きで算用数字を用いる場合には「3か所」「7か月」と平仮名を用いて書く。』

『一般の社会生活でよく使われる「3ケ所」「7カ月」といった表記はしない。』

『なお、概数を示すために漢数字を用いる場合には、「数箇所」「数十箇所」のように「箇」を使って書く。また、「何箇所」「何箇月」なども「箇」を用いる。』

『同様に、縦書きで漢数字を用いる場合には「三箇所」「七箇月」と書く。これを横書きで引用するときには、「3か所」「7か月」のように直す。（必要に応じて、元の縦書きにおける表記と同じにすることもある。）』

カ　数量や日数・時間等の範囲を表す場合の起算点を示す用語

（ア）　「以上」「以下」「以前」「以後」

『起算点となる数量や日時などを含む場合に用いる。』

例12　「以上」「以下」「以前」「以後」の例

> 100人以上＝100人を含んでそれより多い人数

100人以下＝100人を含んでそれより少ない人数
5月1日以前＝5月1日を含んでそれより前
5月1日以後＝5月1日を含んでそれより後

『ただし、「昭和期以前」「第一次世界大戦以前」のように、時間に幅があるものについては、「昭和期」「第一次世界大戦」を含めず、その始まりの時点よりも前をいうことが多い。一方、「昭和期以後」「第一次世界大戦以後」は「昭和期」「第一次世界大戦」を含んで使われることが多い。このようなものは「大正時代が終わるまで」「第一次世界大戦の始まる1914年より前」「昭和に入って以降」「第一次世界大戦が始まった1914年以降」のように、分かりやすく表現する。』

この指摘はもっともではあるが、日本語の揺れの問題で、公用文の分野では解決が困難な問題であるように思われる。公用文においては、「以上」「以下」「以前」「以後」等の用語は、その起算点となる数量や日時を含むものであるという理解で、十分ではないだろうか。

（イ）　「超える」「未満」「満たない」「前」「後」

『起算点となる数量や日時などを含まない場合に用いる。』

例13　「超える」「未満」「満たない」「前」「後」の例

100人を超える＝100人を含まずにそれより多い数
100人未満、100人に満たない＝100人を含まずにそれより少ない数
5月1日前＝5月1日を含まずにそれより前
5月1日後＝5月1日を含まずにそれより後

（ウ）　期間の起算点の使い分け

『起算点に留意して使い分ける。』

例14　起算点を含まない表現の例

満5年、5か年、5周年　＝　まるまる5年

5年ぶりに開催	＝	「5年」は前の開催年の翌年から数えて、今回の開催年を含んで5年となる場合を指す。

例15　起算点を含む表現の例

5年目、5年掛かり、5年来、5年越し	＝	起算の年を含んで5年

このような期間計算の問題は、数字の表記にとどまらない問題である。「3日後に会いましょう」といった場合、今日を含んで3日目の「翌々日」なのか、今日という日を含まず「翌々々日」なのか、通常の日本語でははっきりしない。「通知を受けた日から10日以内」と表記された場合、通知を受けた日を含んで10日目に当たる日までなのか、通知を受けた日の翌日から数えて10日目に当たる日までなのか、期間計算に当たっては起算点を明確にする必要がある。

法令では、民法に「初日不算入の原則」が定められている。これは私法関係における原則であるが、公法関係においても同様に解されている。すなわち「通知を受けた日から10日以内」とされていれば、「通知を受けた日」を含まず、その翌日から起算して10日目に当たる日までということになる。もし通知を受けた日を含めて計算しようとするときは「通知を受けた日から起算して10日以内」という規定することとされている。公用文においてもこれに倣うことが考えられるべきであろう。

7　句読点と括弧

ポイント

① 句点は「。」、読点は「、」を用いる

② 括弧は、（　）と「　」を基本とする

《　》や『　』は用いない

③ 【　】は、項目を示すとき、強調すべき点を目立たせるとき等に用いる

④ そのほかの括弧は、むやみに用いない

説　明

(1) 句読点のルールの変更と括弧

句点は文の終わりを示す符号であり、読点（とうてん）は文の途中の切れ目を示す符号である。旧要領では、「句読点は、横書きでは「，」および「。」を用いる。」というルールが定められていた。そのため、一部の公用文では読点に「，」（コンマ）を用いていたが、読点に「、」（テン）を用いる公用文も多く、統一されていなかった。

今回の「公用文作成の考え方」では『**読点には「、」（テン）を用いる。**』ことを原則とした。これは、非常に重要な変更であり、今回最も求められていたところである。（太字は筆者）

ただ、『横書きでは事情に応じて「，」（コンマ）を用いることもできる。』とされたが、どのような事情に応じてコンマを用いるべきであるのかは明らかではない。おそらく、これまで旧要領に従って読点にコンマを用いてきた省庁の顔を立てたということであろう。

ア　句点と読点

『句点には「。」（マル）、読点には「、」（テン）を用いることを原則とするが、横書きでは事情に応じて「，」（コンマ）を用いることもできる。ただし、両者が混在しないよう留意する。』

『学術的・専門的に必要な場合等を除いて、句点に「．」（ピリオド）は用いない。』

『欧文では、「，」と「．」を用いる。』

欧文では「，」（コンマ）と「．」（ピリオド）を用いることは当然である。

今回の「公用文作成の考え方」では、読点に「、」を用いるということを定めるだけで、読点の用い方については特に論じられていない。「Ⅲ－3　文の書き方」に簡単な注意が述べられているのみである。

句点についてはそれほど大きな問題はないと思われるが、読点の用法は人によって考え方が異なり、また読点の打ち方により文の意味が変わってくることもある。公用文作成のルールとして、読点の用い方についての統一的な基準の検討が望まれる。

イ　「・」（ナカテン）

「・」（ナカテン）は、①並列する語、②外来語や人名の区切り、③箇条書の冒頭等に用いることができることとされた。

例１　並列する語に「・」を用いる例

> 光の三原色は、赤・緑・青である。

例２　外来語や人名の区切りに「・」を用いる例

> ケース・バイ・ケース　　マルコ・ポーロ

例３　箇条書の冒頭等に「・」を用いる例

・項目1

例４　数字の小数点以下を示す「・」の例

十二・三パーセント

なお、この例１のような「・」の用法は、法令文における「・」の用法とは異なる考え方である。法令文においては、「・」は単なる並列ではなく、「・」で結ばれる前後の名詞が密接不可分で一体的な意味を持っているような場合に用いられる。

例５　法令文における「・」の使用法

食料・農業・農村基本法　　環境省令・経済産業省令

また、併合的な並列を示す場合、法令文では、原則として、「・」ではなく「及び」を用い、三つ以上の語句を並列するときは、それぞれの接続に「、」を用いて最後の接続のみに「及び」を用いることとしている（第３章１参照）。

例６　法令文における併合的な並列を示す用法

憲法改正、法律、政令及び条約を公布すること

しかし、この「・」の用い方について、今回の公用文の扱いは常識的なものであり、従来の法令におけるルールとの違いを統一することは、あえて必要はないものと考える。

ウ　（　）（丸括弧）と「　」（かぎ括弧）

『法令や公用文で用いる括弧は、（　）と「　」を基本とする。』

『(　) や「　」の中に、更に（　）や「　」を用いる場合にも、そのまま重ねて用いる。』

二重括弧《　》や二重かぎ括弧『　』は、原則として用いないこととされた。

『ただし、解説・広報等では、「　」の中で『　』（二重かぎ括弧）を使うこともある。』

例７　（　）や「　」を重ねて用いる例

「「異字同訓」の漢字の使い分け例」 （平成26（2014）年文化審議会国語分科会報告）

このように、『　』（二重かぎ括弧）等を用いないのは、これまでの法令文における扱いであるが、一般の公用文においても、今回同様の扱いが定められたものである。

『また、閉じの丸括弧）（片括弧）のみで用いることもある。』

例８　）（片括弧）の例

例）　ケース・バイ・ケース

この片括弧は、これまでの公用文ではほとんど用いられていなかったように思われる。

エ　括弧と句点の関係

（ア）　括弧の中で文が終わる場合

『括弧の中で文が終わる場合には、閉じ括弧の前に句点を打つ。』

例９　閉じ括弧の前に句点を打つ例

（以下「基本計画」という。）　　「決める。」と発言した。

『ただし、引用部分や文以外（名詞、単語としての使用、強調表現、日付等）に用いる場合は打たない。また、文が名詞で終わる場合も打たない。』

例10　句点を打たない例

> 議事録に「決める」との発言があった。
> 「決める」という動詞を使う。
> 国立科学博物館（上野）
> 「わざ」を高度に体現する。

（イ）　文末の括弧と句点の関係

『文末に括弧がある場合、それが部分的な注釈であれば閉じた括弧の後に句点を打つ。』

例11　括弧の後に句点を打つ例

> 当事業は一時休止を決定した。ただし、年内にも再開を予定している（日程は未定である。）。

『二つ以上の文、又は、文章全体の注釈であれば、最後の文と括弧の間に句点を打つ。』

例12　括弧の前に句点を打つ例

> 当事業は一時休止を決定した。ただし、年内にも再開を予定している。（別紙として、決定に至った経緯に関する資料を付した。）

例11と例12の区別は微妙なところであるが、常識的に判断できるものと思われる。

『なお、一般の社会生活においては、括弧内の句点を省略することが多い。解説・広報等では、そこで文が終わっていることがはっきりしている場合に限って、括弧内の句点を省略することがある。』

例13　括弧内の句点を省略する例

年内にも再開を予定しています（日程は未定です）。

オ　【　】（隅付き括弧）

『【　】は項目を示したり、注意点や強調すべき点を目立たせたりする目的で多く使用される。文書内での用法を統一し、効果的に用いる。』

例14　【　】（隅付き括弧）を用いる例

【会場】文部科学省講堂　　【取扱注意】

カ　そのほかの括弧

『（　）や「　」、『　』、【　】のほかにも様々な括弧の類があるが、慣用が定着しているとは言い難い面がある。むやみに使用しないようにし、必要な場合には文書内で用法を統一して使う。』

そのほかの括弧としては［　］（大括弧）、｛　｝（中括弧）、〈　〉（山括弧）などがある。これらは、公用文で使っていけないものと思われないが、むやみに使うことは避けるべきであろう。

8　その他の符号

ポイント

① 疑問符「？」と感嘆符「！」は、解説・広報等で必要に応じて使う

② その他の符号「：」「—」「-」「〜」「…」「＊」「※」「/」等はむやみに多用しない

③ 「→」や箇条書等の冒頭に使う「・」「○」「◇」等も用法を統一して使うことができる

④ 繰り返し符号は、「々」のみを使う

説　明

(1) 様々な符号の使い方

旧要領では、符号としては、句読点と繰り返し符号以外には触れられていなかった。

今回の「公用文作成の考え方」では、様々な符号を示して説明し、必要に応じて使うという新しい扱いを提示している。

ア　「？」（疑問符）と「！」（感嘆符）

『日本語の表記においても、会話をそのまま書き表した文などでは、「？」を用いないと意味が通じないような場合や、「！」を用いた方がより明快に伝わる場合がある。公用文においても解説・広報等の文書、また、発言をそのまま記載する記録などにおいては、必要に応じて使用して差し支えない。』

『なお、「？」「！」の後に文が続く場合には、全角又は半角1字分空

ける。』

（ア）「？」（疑問符）

『疑問や質問、反問を示す。無言で疑問の意を示す様子を示す　等』

例１　「？」を使う例

○○法が改正されたのを知っていますか？ もう発表されているのですか？

（イ）「！」（感嘆符）

『感動や強調、驚きなどを示す　等』

例２　「！」を使う例

みんなで遊びに来てください！ 来月20日、開催！ すばらしいお天気！

イ　その他の符号

『「：」「―」「-」「～」「…」等も文書内で用いる場合がある。これらの用い方について特に定めはないが慣用に倣い、文書内での用法を統一するとともに、むやみに多用しない。』

『また、符号のうちには、情報処理の際に文字化けを起こすものがあることに留意する。』

（ア）「：」（コロン）

『項目とその内容・説明等を区切る。文中の語とその説明とを区切る　等』

例３　「：」を使う例

住所：東京都千代田区…　　注：第31条のなお書きを指す。

（イ）　「―」（ダッシュ）

『文の流れを切り、間を置く。発言の中断や言いよどみを表す　等』

例４　「－（又は二つ重ねる「――」）」を使う例

昭和56年の次官通知－（又は二つ重ねる「――」） これは既に無効であるが－

（ウ）　「-」（ハイフン）

『数字やアルファベットによる表記の区切りやつなぎに使う　等』

例５　「-」を使う例

〒100-8959　　03-5253-****

（エ）　「〜」（波形）

『時間や距離などの起点と終点を表す。「から」「まで」を表す　等』

例６　「〜」を使う例

10時〜12時　　東京〜京都　　価格：3,000円〜　　〜10月4日

（オ）　「…」（3点リーダー）

『続くものの存在を示す。重ねて項目とページ数や内容をつなぐ　等』

例７　「…」を使う例

牛、馬、豚、鶏…（又は二つ重ねる「……」） 第5章……2　　材料……鉄

（カ）　「＊」（アステリスク）

『文中の語句に付けて、注や補足に導く。補足的事項の頭に付ける　等』

例8　「＊」を使う例

国際的な標準であるCEFR*を参考にして

（キ）　「※」（米印又は星）

『見出し、補足的事項の頭に付けて、目立たせる　等』

例9　「※」を使う例

※　データは令和元年9月現在

（ク）　「/」（スラッシュ）

『引用文の改行位置を示す。文節など文の区切りを示す。対比する等』

例10　「/」を使う例

…であった。/なお、…　　痛む/傷む/悼む　　直流/交流

ウ　矢印、箇条書等の冒頭に用いる符号

『矢印の類の用い方、また、箇条書や見出しの冒頭に置く様々な符号の用い方についても特に定めはないが、文書内での用法を統一し、読み手に意図が伝わるようにする。』

例11　矢印の例

→、⇒、⇔

例12　箇条書や見出しの冒頭に置く符号の例

・、○、●、◎、◇、◆、□、■

エ　単位を表す符号

『「℃」「%」「¥」「$」など、単位を表す符号の用い方についても特に定めはないが、「度」「パーセント」「円」「ドル」などと書く代わりに用いる場合には、慣用に従うとともに文書内での用法を統一する。』

オ　繰り返し符号は「々」(同の字点) を用いる

『繰り返し符号は、同じ漢字の繰り返しを示す「々」(同の字点（どうのじてん))のみを用いる。』

例13　「々」を使う例

並々ならぬ　　東南アジアの国々 年々高まっている　　正々堂々

『ただし、複合語の切れ目に当たる次のような場合には、漢字1字の繰り返しであっても、「々」は使わずそのまま書く。』

例14　「々」を使わない例

民主主義　　表外漢字字体表　　○○党党首

『また、2字以上の繰り返しは、そのまま書く。』

例15　2字以上の繰り返しの例

ますます　　一つ一つ　　一人一人 一歩一歩　　知らず知らず　　繰り返し繰り返し

「々」以外の繰り返し符号（くの字点、二の字点等）は使わないこととされた。

9　字体、図表等

ポイント

①　字体は、常用漢字表の通用字体を用いる
②　外国で用いられる漢字の字体は、その字に対応する通用字体を用いる
③　日本人のローマ字の姓名表記は「姓－名」の順とする
④　図表を効果的に利用する

説　明

(1)　字　体

字体の問題は、旧要領ではほとんど触れていなかったが、今回の「公用文作成の考え方」では詳しく論じられている。

ア　字体は常用漢字表の通用字体を用いる

（ア）　常用漢字表の通用字体

『特別な事情のない限り常用漢字表に示された通用字体を用いる。』

例1　常用漢字表に示されている通用字体と示されていない字体

隠蔽	「蔽」（つくりの部分が「幣」のつくりの形になっているもの）は用いない。
補塡	「填」は用いない。
進捗	「捗」（つくりの部分が「歩」という形になっているもの）は用いない。
頰	「頬」は用いない。
剝離	「剥」は用いない。

例2　常用漢字表に示されている字体のほか、許容字体があるもの

謙遜　　食餌療法 （「遜」「餌」は常用漢字表に許容字体が示されているが、できれば用いない。）

この例1及び例2に示された考え方について筆者の私見を述べる。例1に示された字体はどちらでも同じ文字と認識されるので、どちらを使っても差し支えないものとすべきではないだろうか。この問題は、常用漢字表の問題であって、「公用文作成の考え方」が新たに提示するものではないのかもしれない。しかし、このような微妙な違いは、読み手にとってほとんど意識されないものであり、公用文作成に当たって、拡大鏡で見なければ判別できないような字体の違いをいちいち意識することは無用なことのように思われる。

また、例2に挙げられているような許容字体は、常用漢字表により使ってよいとされているものである。そもそも、通常「しんにゅうへん」は点が一つのものを使うのに、「遜」「遡」等は常用漢字表では点が二つとされていることも、理解しづらいところである。

（イ）　印刷文字と手書き文字の関係

『字体・字形に関する印刷文字における習慣や印刷文字と手書き文字との関係等については、常用漢字表の「（付）字体についての解説」及び「常用漢字表の字体・字形に関する指針」（平成28年文化審議会国語分科会報告）に基づく。』

（ウ）　常用漢字表にない漢字の字体

『常用漢字表にない漢字を使う必要が生じた場合には、特別な事情のない限り「表外漢字字体表」（平成12年国語審議会答申）に示された印刷標準字体を用いる。』

（エ）　外国で用いられる漢字の字体

『外国で用いられる漢字の字体は、その字に対応する通用字体又は印刷標準字体に改める。』

この問題は、外国からの来訪者が増加する状況の中で、重要な問題である。特に、中国の簡体字は日本語の通用字体とも異なっていて、戸惑うことも多い。今後、漢字を用いる国の間で話合いがもたれることを期待するが、現状では困難であろう。我が国の通用字体についても、今後見直しを行い、中国の簡体字のうち良いと思われるものは取り入れることを検討すべきではないだろうか。

イ　読みやすい印刷文字を選ぶ

『使用する印刷文字（フォント）を工夫する。最近では、ユニバーサル・デザイン・フォントなど、様々な書体（デザイン）が使用されるようになっている。相手側の情報機器の環境で再現されるか否かに配慮しつつ、書体・色・大きさの3点に留意し、読みやすい印刷文字を選択する。』

ウ　電子的な情報交換の留意

『使用する情報機器に搭載された日本語入力システムの環境や設定によっては、漢字、丸囲み数字（①②③等）、単位記号、符号、半角カナ文字等の中に、電子的な情報交換の難しいものがあることに留意する。』

『なお、ユニコード（世界中の全ての文字を共通して利用できることを目指して作成された文字コード）を用いると、文字化けなどが起こりにくい。』

エ　ローマ字の全角と半角の使い分け

『ローマ字欧文やローマ字表記など、アルファベットを用いる場合に全角を用いるか半角を用いるかについて特に定めはないが、使い分けを文書内で統一する。例えばこの解説報告では、原則として半角のアルファベットを用いているが、頭文字だけで示すような略語には全角を使用している。また、欧文を書き表す場合には、半角を用いる。全角のローマ字を用いると、情報処理において欧文・単語として認識されない場合がある。』

オ　日本人の姓名をローマ字で示す表記

『日本人の姓名をローマ字で表記するときには、差し支えのない限り**「姓―名」の順**を用いる。姓と名を明確に区別させる必要がある場合には、「YAMADA Haruo」などと姓を全て大文字とし、「姓―名」の構造を示す。』

『名を1文字目だけで示す場合には、「Yamada H.」「YAMADA H.」「Yamada,H.」などとする。』　（太字は筆者）

このような「姓―名」の表記については、「公用文等における日本人の姓名のローマ字表記について」（令和元年関係府省庁申合せ）によるものである。それによれば、

『各府省庁が作成する公用文等における日本人の姓名のローマ字表記については、差し支えのない限り「姓―名」の順を用いることとする。』『国際機関等により指定された様式があるなど、特段の慣行がある場合は、これによらなくてもよい』とされている。

また、『地方公共団体、関係機関等、民間に対しては日本人の姓名のローマ字表記については、差し支えのない限り「姓―名」の順を用いるよう、配慮を要請するものとする』としている。

カ　図表の効果的な利用

『図表の示し方に一定の決まりはないが、一見して、その内容が分

かるような示し方をする。グラフや表を作成する際には、示している内容を一言で表現する標題（タイトル）や簡明な説明（キャプション）を分かりやすい位置に付ける。』

『グラフでは、縦軸や横軸の軸名称、必要に応じて凡例を示す。書き手が何を強調したいかによって、グラフの種類の選択を工夫する。』

『表では、見やすくするために、列間や行間に余裕を持たせる。』

『グラフや表は、色彩の多様性に配慮した見分けやすい配色とする。情報機器での閲覧だけではなく、印刷する場合のことなども考慮し、むやみに多色を用いることはせず、白黒で示される場合も想定しておく。』

『そのほか、協調したい事項や、本文とは別に目立たせたい事柄などは、…四角で囲んで示すなどの工夫ができる。ただし、囲んで示すものが多くならないよう留意する。』

おわりに

本書を執筆して、最後に筆者の感じたことを述べさせていただきたい。

まず、この新しい「公用文作成の考え方」が、読み手の視点に立って作られていることである。筆者はこれまでも公用文作成について論じてきたが、それが書き手の視点であり、読み手の視点に対する配慮が少なかったのではないかということを反省させられた。本書の読者の多くは公用文の書き手ではないかと考えられるので、書き手の視点から考えることにも意味があると思う。しかし、公用文作成の担い手である読者諸氏に、読み手の視点に立って書くことの重要性を改めて強調しておきたいと考える。

そして、次に大切なこととして、より良い公用文を作っていくために必要なことは、この「公用文作成の考え方」に示されたルールを基本に文書を書くことにあるのではなく、公用文作成に当たる一人一人の不断の工夫と努力こそが求められるということである。今後この「公用文作成の考え方」を超えるような公用文が作られていくことを期待したいものである。

その上で、今後の公用文の在り方の向上のために、筆者として、次のようなことを希望したい。

1　公用文全体の統一的なルールの確立

法令文から解説・広報等までの全ての公用文を通ずる統一的な表記と用語のルールを確立し、その上で、それぞれの文書の種類に応じた例外的なルールや柔軟な運用を認めるようにすることが望ましいと考える。

2　法令文の在り方の検討

今回の「公用文作成の考え方」は法令文を対象としていない。それは、法令文には独自のルールが確立していることによる。法令は時代を超えて社会に通用するものであるが、しかし、それぞれの時代に生きる人間に理解されるものでなければならない。言葉は時代とともに変わっていくものである。法令文のルールも時代に合わせて見直すべき時期に来ているのではないだろうか。法令文のルールの抜本的な再検討を内閣法制局に期待する。

3　「公用文作成の考え方」の時代に即応する改定

旧「公用文作成の要領」は、時代にそぐわないものとなり、公用文作成に当たってあまり参照されないものとなっていたように思われる。この「公用文作成の考え方」については、次は70年後でなく、時代の変化に対応し、近い時期での頻繁な改定を望みたい。

公用文がこれからの日本語の文書の模範とされるものとなるよう期待する。

附　録

○「公用文作成の考え方」の周知について

（令和4年1月11日
内閣文第1号）

各国務大臣あて

内閣官房長官

「公用文作成の考え方」の周知について

本日の閣議で文部科学大臣から報告された「公用文作成の考え方」（文化審議会建議）は、現代社会における公用文作成の手引としてふさわしいものであることから、貴管下職員への周知方につき、よろしく御配意願います。

なお、「公用文改善の趣旨徹底について」（昭和27年4月4日内閣閣甲第16号内閣官房長官依命通知）は、本日付けで廃止します。

▶公用文作成の考え方（建議）

令和4年1月7日

文部科学大臣あて

文化審議会会長

文化審議会国語分科会長

「公用文作成の考え方」について（建議）

文化審議会は、慎重審議の結果、「公用文作成の考え方」を決定しましたので、別添のとおりここに建議します。

これは、昭和26年に国語審議会が建議した「公用文作成の要領」が示してきた理念を生かしつつこれを見直し、今後、政府内における公用文作成の手引として活用されることを目指し取りまとめたものです。

つきましては、本建議を政府内に周知し、活用を促すよう要請いたします。

別添

▶公用文作成の考え方（建議）

（別　添）

公用文作成の考え方（建議）

（付）「公用文作成の考え方（文化審議会建議）」解説

公用文作成の考え方（文化審議会建議）

公用文作成の考え方

前書き

文化審議会は、これからの時代にふさわしい公用文作成の手引とするために「公用文作成の考え方」をここに示すこととした。

昭和26年に当時の国語審議会が建議した「公用文作成の要領」は、翌27年に内閣官房長官依命通知別紙として各省庁に周知されてから約70年を経ている。基本となる考え方は現代にも生きているものの、内容のうちに公用文における実態や社会状況との食い違いがあることも指摘されてきた。

こうした状況を踏まえ、文化審議会国語分科会は同要領の見直しについて検討し、「新しい「公用文作成の要領」に向けて」（令和3年3月12日）を報告した。以下に示す「公用文作成の考え方」は、国語分科会報告に基づき、「公用文作成の要領」が示してきた理念を生かしつつ、それに代えて政府内で活用されることを目指し取りまとめたものである。

これは、法令や告示・通知等に用いられてきた公用文の書き表し方の原則が、今後とも適切に適用されることを目指している。それとともに、各府省庁等が作成する多様な文書それぞれの目的や種類に対応するよう、公用文に関する既存のルール、慣用及び実態に基づき、表記、用語、文章の在り方等に関して留意点をまとめたものである。

基本的な考え方

1　公用文作成の在り方

（1）読み手とのコミュニケーションとして捉える

ア　読み手に理解され、信頼され、行動の指針とされる文書を作成する。

イ　多様化する読み手に対応する。広く一般に向けた文書では、義務教育で学ぶ範囲の知識で理解できるように書くよう努める。

ウ　地方公共団体や民間の組織によって活用されることを意識する。

エ　解説・広報等では、より親しみやすい表記を用いてもよい。

オ　有効な手段・媒体を選択し、読み手にとっての利便性に配慮する。

（2）文書の目的や種類に応じて考える（表「公用文の分類例」参照）

ア　原則として、公用文の表記は法令と一致させる。ただし、表「公用文の分類例」がおおよそ示すとおり、文書の目的や種類、想定される読み手に応じた工夫の余地がある。

イ　法令に準ずるような告示・通知等においては、公用文表記の原則に従って書き表す。

ウ　議事録、報道発表資料、白書などの記録・公開資料等では、公用文表記の原則に基づくことを基本としつつ、必要に応じて読み手に合わせた書き表し方を工夫する。

エ　広く一般に向けた解説・広報等では、特別な知識を持たない人にとっての読みやすさを優先し、書き表し方を工夫するとともに、施策への関心を育むよう工夫する。

（表）公用文の分類例

大　別	具体例	想定される読み手	手段・媒体の例
法　令	法律、政令、省令、規則	専門的な知識がある人	官報
告示・通知等	告示・訓令 通達・通知 公告・公示	専門的な知識がある人	官報 府省庁が発する文書
記録・公開資料等	議事録・会見録 統計資料 報道発表資料 白書	ある程度の専門的な知識がある人	専門的な刊行物 府省庁による冊子 府省庁ウェブサイト
解説・広報等	法令・政策等の解説 広報 案内 Ｑ＆Ａ 質問等への回答	専門的な知識を特に持たない人	広報誌 パンフレット 府省庁ウェブサイト 同ＳＮＳアカウント

※「想定される読み手」は、各文書を実際に読み活用する機会が多いと考えられる人を指す。

2　読み手に伝わる公用文作成の条件

（1）正確に書く

ア　誤りのない正確な文書を作成する。誤りが見つかった場合には、速やかに訂正する。

イ　実効性のある告示・通知等では、公用文の書き表し方の原則に従う。

ウ　基となる情報の内容や意味を損なわない。

エ　関係法令等を適宜参照できるように、別のページやリンク先に別途示す。

オ　厳密さを求めすぎない。文書の目的に照らして必要となる情報の範囲を正確に示す。

（2）分かりやすく書く

ア　読み手が十分に理解できるように工夫する。

イ　伝えることを絞る。副次的な内容は、別に対応する。

ウ　遠回しな書き方を避け、主旨を明確に示す。

エ　専門用語や外来語をむやみに用いないようにし、読み手に通じる言葉を選ぶ。

オ　図表等によって視覚的な効果を活用する。

カ　正確さとのバランスをとる。

（3）気持ちに配慮して書く

ア　文書の目的や種類、読み手にふさわしい書き方をする。

イ　読み手が違和感を抱かないように書く。型にはまった考え方に基づいた記述を避ける。

ウ　対外的な文書においては、「です・ます」体を基本として簡潔に敬意を表す。

エ　親しさを伝える。敬意とのバランスを意識し、読み手との適度な距離感をとる。

Ⅰ　表記の原則

「現代仮名遣い」（昭和 61 年内閣告示第１号）による漢字平仮名交じり文を基本とし、特別な場合を除いて左横書きする。

1　漢字の使い方

漢字の使用は、「常用漢字表」（平成 22 年内閣告示第２号）に基づくものとする。また、その具体的な運用については「公用文における漢字使用等について」（平成 22 年内閣訓令第１号）の「１　漢字使用について」及び「３　その他」に基づくものとする。

ただし、広く一般に向けた解説・広報等においては、読み手に配慮し、漢字を用いることになっている語についても、仮名で書いたり振り仮名を使ったりすることができる。

2　送り仮名の付け方

送り仮名の付け方は、「送り仮名の付け方」（昭和 48 年内閣告示第２号）に基づくものとする。また、その具体的な運用については、「公用文における漢字使用等について」（平成 22 年内閣訓令第１号）の「２　送り仮名の付け方について」及び「３　その他」に基づくものとする。

ただし、広く一般に向けた解説・広報等においては、読み手に配慮し、送り仮名を省いて書くことになっている語についても、送り仮名を省かずに書くことができる。

3　外来語の表記

外来語の表記は、「外来語の表記」（平成３年内閣告示第２号）に基づくものとする。「外来語の表記」の第１表によって日本語として広く使われている表記を用いることを基本とし、必要に応じて第２表を用いる。第１表及び第２表にない表記は、原則として使用しない。

4　数字を使う際は、次の点に留意する

ア　横書きでは、算用数字を使う。

例）令和 2 年 11 月 26 日　　午後 2 時 37 分　　72%　　電話：03 - 5253 - ****

イ　大きな数は、三桁ごとにコンマで区切る。

例）5,000　　62,250 円　　1,254,372 人

ウ　兆・億・万の単位は、漢字を使う。

例）5 兆　　100 億　　30 万円

エ　全角･半角は、文書内で使い分けを統一する。

オ　概数は、漢数字を使う。

例）二十余人　　数十人　　四、五十人

カ　語を構成する数や常用漢字表の訓による数え方などは、漢数字を使う。

例）二者択一　　一つ、二つ…　　一人、二人…　　六法全書　　七五三

キ　縦書きする場合には、漢数字を使う。

ク　縦書きされた漢数字を横書きで引用する場合には、原則として算用数字にする。

ケ　算用数字を使う横書きでは、「○か所」「○か月」と書く（ただし、漢数字を用いる場合には「○箇所」「○箇月」のように書く。）。

例）３か所　　７か月　　三箇所　　七箇月

5　符号を使う際は、次の点に留意する

（1）句読点や括弧の使い方

ア　句点には「。」（マル）読点には「、」（テン）を用いることを原則とする。横書きでは、読点に「，」（コンマ）を用いてもよい。ただし、一つの文書内でどちらかに統一する。

イ　「・」（ナカテン）は、並列する語、外来語や人名などの区切り、箇条書の冒頭等に用いる。

ウ　括弧は、（）（丸括弧）と「」（かぎ括弧）を用いることを基本とする。（）や「」の中に、更に（）や「」を用いる場合にも、そのまま重ねて用いる。

例）（平成26（2014）年）　「「異字同訓」の漢字の使い分け例」

エ　括弧の中で文が終わる場合には、句点（。）を打つ。ただし、引用部分や文以外（名詞、単語としての使用、強調表現、日付等）に用いる場合には打たない。また、文が名詞で終わる場合にも打たない。

例）（以下「基本計画」という。）　「決める。」と発言した。
議事録に「決める」との発言があった。　「決める」という動詞を使う。
国立科学博物館（上野）　「わざ」を高度に体現する。

オ　文末にある括弧と句点の関係を使い分ける。文末に括弧がある場合、それが部分的な注釈であれば閉じた括弧の後に句点を打つ。二つ以上の文、又は、文章全体の注釈であれば、最後の文と括弧の間に句点を打つ。

カ　【　】（隅付き括弧）は、項目を示したり、強調すべき点を目立たせたりする。

例）　【会場】文部科学省講堂　【取扱注意】

キ　そのほかの括弧等はむやみに用いず、必要な場合は用法を統一して使用する。

（2）様々な符号の使い方

ア　解説・広報等においては、必要に応じて「？」「！」を用いてよい。

例）〇〇法が改正されたのを知っていますか？　来月20日、開催！

イ　他の符号を用いる場合には、文書内で用法を統一し、濫用を避ける。

ウ　矢印や箇条書等の冒頭に用いる符号は、文書内で用法を統一して使う。

エ　単位を表す符号を用いる場合は、文書内で用法を統一して使う。

6　そのほか、次の点に留意する

ア　文の書き出しや改行したときには、原則として1字下げする。

イ　繰り返し符号は、「々」のみを用いる。2字以上の繰り返しはそのまま書く。

例）並々ならぬ　東南アジアの国々　正々堂々　ますます　一人一人

ウ　項目の細別と階層については、例えば次のような順序を用いる。

（横書きの場合の例）

第1	1	（1）	ア	（ア）
第2	2	（2）	イ	（イ）
第3	3	（3）	ウ	（ウ）

（縦書きの場合の例）

第一	一	1	（一）	（1）	ア
第二	二	2	（二）	（2）	イ
第三	三	3	（三）	（3）	ウ

エ　ローマ字（ラテン文字。いわゆるアルファベットを指す。）を用いるときには、全角・半角を適切に使い分ける。

オ　日本人の姓名をローマ字で示すときには、差し支えのない限り「姓—名」の順に表記する。姓と名を明確に区別させる必要がある場合には、姓を全て大文字とし（YAMADA Haruo)、「姓—名」の構造を示す。

カ　電子的な情報交換では、内容が意図するとおりに伝わるよう留意する。

キ　読みやすい印刷文字を選ぶ。

ク　略語は、元になった用語を示してから用い、必要に応じて説明を添える。

例）クオリティー・オブ・ライフ（Quality of Life 。以下「ＱＯＬ」という。）

ケ　図表を効果的に用いる。図表には、分かりやすい位置に標題を付ける。

Ⅱ　用語の使い方

1　法令・公用文に特有の用語は適切に使用し、必要に応じて言い換える

例）及び　並びに　又は　若しくは

2　専門用語は、語の性質や使う場面に応じて、次のように対応する

ア　言い換える。

例）頻回 → 頻繁に、何回も　埋蔵文化財包蔵地 → 遺跡

イ　説明を付けて使う。

例）罹災証明書（支援を受けるために被災の程度を証明する書類）

ウ　普及を図るべき用語は、工夫してそのまま用いる。

3　外来語は、語の性質や使う場面に応じて、次のように対応する

ア　日本語に十分定着しているものは、そのまま使う。

例）ストレス　ボランティア　リサイクル

イ　日常使う漢語や和語に言い換える。

例）アジェンダ → 議題　インキュベーション → 起業支援
インタラクティブ → 双方向的　サプライヤー → 仕入先、供給業者

ウ　分かりやすく言い換えることが困難なものは、説明を付ける。

例）インクルージョン（多様性を受容し互いに作用し合う共生社会を目指す考え）
多様な人々を受け入れ共に関わって生きる社会を目指す「インクルージョン」は…

エ　日本語として定着する途上のものは、使い方を工夫する。

例）リスクを取る → あえて困難な道を行く、覚悟を決めて進む、賭ける

4　専門用語や外来語の説明に当たっては、次の点に留意する

ア　段階を踏んで説明する。

イ　意味がよく知られていない語は、内容を明確にする。

ウ　日常では別の意味で使われる語は、混同を避けるようにする。

5　紛らわしい言葉を用いないよう、次の点に留意する

ア　誤解や混同を避ける。

（ア）同音の言葉による混同を避ける。

（イ）異字同訓の漢字を使い分ける。

イ　曖昧さを避ける。

（ア）「から」と「より」を使い分ける。

例）東京から京都まで　　午後1時から始める　　長官から説明がある
東京より京都の方が寒い
会議の開始時間は午前10時より午後1時からが望ましい

（イ）程度や時期、期間を表す言葉に注意する。

例）幾つか指摘する → 3点指摘する　　少人数でよい → 3人以上でよい
早めに → 1週間以内（5月14日正午まで）に
本日から春休みまで → 春休み開始まで／春休みが終了するまで

（ウ）「等」「など」の類は、慎重に使う。これらの語を用いるときには、具体的に挙げるべき内容を想定しておき、「等」「など」の前には、代表的・典型的なものを挙げる。

ウ　冗長さを避ける。

（ア）表現の重複に留意する。

例）諸先生方 → 諸先生、先生方
各都道府県ごとに → 各都道府県で、都道府県ごとに
第1日目 → 第1日、1日目　　約20名くらい → 約20名、20名くらい

（イ）回りくどい言い方や不要な繰り返しはしない。

例）利用することができる → 利用できる
調査を実施した → 調査した
教育費の増加と医療費の増加により → 教育費と医療費の増加により

6　文書の目的、媒体に応じた言葉を用いる

ア　誰に向けた文書であるかに留意して用語を選択する。

例）喫緊の課題 → すぐに対応すべき重要な課題
可及的速やかに → できる限り早く

イ　日本語を母語としない人々に対しては、平易で親しみやすい日本語（やさしい日本語）を用いる。

ウ　敬語など相手や場面に応じた気遣いの表現を適切に使う。解説・広報等における文末は「です・ます」を基調とし、「ございます」は用いない。また、「申します」「参ります」も読み手に配慮する特別な場合を除いては使わない。「おります」「いたします」などは必要に応じて使うが多用しない。

エ　使用する媒体に応じた表現を用いる。ただし、広報等においても、広い意味での公用文であることを意識して一定の品位を保つよう留意する。

7　読み手に違和感や不快感を与えない言葉を使う

ア　偏見や差別につながる表現を避ける。

イ　特定の用語を避けるだけでなく読み手がどう感じるかを考える。

ウ　過度に規制を加えたり禁止したりすることは慎む。

エ　共通語を用いて書くが、方言も尊重する。

8　そのほか、次の点に留意する

ア　聞き取りにくく難しい漢語を言い換える。

例）橋梁 → 橋　　塵埃 → ほこり　　眼瞼 → まぶた

イ　「漢字１字＋する」型の動詞を多用しない。

例）模する → 似せる　　擬する → なぞらえる　　賭する → 賭ける
滅する → 滅ぼす

ウ　重厚さや正確さを高めるには、述部に漢語を用いる。

例）決める → 決定（する）　　消える → 消失（する）

エ　分かりやすさや親しみやすさを高めるには、述部に訓読みの動詞を用いる。

例）作業が進捗する → 作業がはかどる、順調に進む、予定どおりに運ぶ

オ　紋切り型の表現（型どおりの表現）は、効果が期待されるときにのみ用いる。

Ⅲ　伝わる公用文のために

1　文体の選択に当たっては、次の点に留意する

ア　文書の目的や相手に合わせ、常体と敬体を適切に選択する。法令、告示、訓令などの文書は常体（である体）を用い、通知、依頼、照会、回答など、特定の相手を対象とした文書では敬体（です・ます体）を用いる。

イ　一つの文・文書内では、常体と敬体のどちらかで統一する。

ウ　常体では、「である・であろう・であった」の形を用いる。

エ　文語の名残に当たる言い方は、分かりやすい口語体に言い換える。

例）～のごとく → ～のように　　進まんとする → 進もうとする
大いなる進歩 → 大きな進歩

オ　「べき」は、「用いるべき手段」「考えるべき問題」のような場合には用いるが「べく」「べし」の形は用いない。また、「べき」がサ行変格活用の動詞（「する」「～する」）に続くときは、「～するべき…」としないで「～すべき…」とする。また、「～すべき」で文末を終えずに「～すべきである」「～すべきもの」などとする。

2　標題・見出しの付け方においては、次のような工夫をする

ア　標題（タイトル）では、主題と文書の性格を示す。また、報告、提案、回答、確認、開催、許可などの言葉を使って文書の性格を示す。

例）新国立体育館について → 新国立体育館建設の進捗状況に関する報告
予算の執行について → 令和２年度文化庁予算の執行状況（報告）
文化審議会について → 第93回文化審議会（令和2年11月22日）を開催します

イ　分量の多い文書では、見出しを活用し、論点を端的に示す。

ウ　中見出しや小見出しを適切に活用する。

エ　見出しを追えば全体の内容がつかめるようにする。

オ　標題と見出しを呼応させる。

カ　見出しを目立たせるよう工夫する。

3　文の書き方においては、次の点に留意する

ア　一文を短くする。

イ　一文の論点は、一つにする。

ウ　三つ以上の情報を並べるときには、箇条書を利用する。

例）国語に関する内閣告示には、常用漢字表、外来語の表記、現代仮名遣い、送り仮名の付け方、ローマ字のつづり方の五つがある。

→　国語に関する内閣告示には、次の五つがある。

・常用漢字表
・外来語の表記
・現代仮名遣い
・送り仮名の付け方
・ローマ字のつづり方

エ　基本的な語順（「いつ」「どこで」「誰が」「何を」「どうした」）を踏まえて書く。

オ　主語と述語の関係が分かるようにする。

カ　接続助詞や中止法（述語の用言を連用形にして、文を切らずに続ける方法）を多用しない。

キ　同じ助詞を連続して使わない。

例）本年の当課の取組の中心は…　→　本年、当課が中心的に取り組んでいるのは…

ク　複数の修飾節が述部に掛かるときには、長いものから示すか、できれば文を分ける。

ケ　受身形をむやみに使わない。

コ　二重否定はどうしても必要なとき以外には使わない。

例）…しないわけではない　→　…することもある
　　○○を除いて、実現していない　→　○○のみ、実現した

サ　係る語とそれを受ける語、指示語と指示される語は近くに置く。

シ　言葉の係り方によって複数の意味に取れることがないようにする。

ス　読点の付け方によって意味が変わる場合があることに注意する。

4　文書の構成に当たっては、次のような工夫をする

ア　文書の性格に応じて構成を工夫する。

イ　結論は早めに示し、続けて理由や詳細を説明する。

ウ　通知等は、既存の形式によることを基本とする。

エ　解説・広報等では、読み手の視点で構成を考える。

オ　分量の限度を決めておく。

カ　「下記」「別記」等を適切に活用する。

（付）「公用文作成の考え方（文化審議会建議）」解説

目次

解説の見方

1　この解説は、文化審議会建議「公用文作成の考え方」（以下「建議」という。）の内容について、具体的に説明するものである。建議と同様、国の府省庁における公用文の書き表し方に関する既存の基準、慣用及び実態に基づき、公用文を作成する際に参考となる考え方を示している。

2　「基本的な考え方」では、建議が整理し提案する考え方について説明している。建議は、「公用文作成の要領」（昭和26年国語審議会建議、昭和27年内閣官房長官依命通知別紙）に代わり、同要領の示してきた理念をこれからの時代に生かそうとするものである。

3　「Ⅰ 表記の原則」では、「現代仮名遣い」（昭和61年内閣告示第1号）による漢字平仮名交じり文を基本とし、特別な場合を除いて左横書きすることを前提とした上で、「公用文における漢字使用等について」（平成22年内閣訓令第1号）等が示す公用文表記の原則となる基準を整理し示している。

4　「Ⅱ 用語の使い方」では、「公用文における漢字使用等について」等の考え方や慣用に基づき、公用文における用語の使い方を示している。

5　「Ⅲ 伝わる公用文のために」では、文書作成に当たっての要所や留意点について、参考となる考え方を提案している。

6　この解説の表記は、従来の公用文表記の基準に従っている。ただし、読点については、建議が新たに示す考え方に基づき「、」（テン）を用いている。

7　法令は、広い意味では公用文の一部であるが、建議において直接の対象とはしていない。このことは、「法令における漢字使用等について」（平成22年11月30日内閣法制局長官決定）が別途内閣法制局によって示されているほか、法令の作成要領については、立法慣行により一定の基準が確立していることによる。

8　文中の漢字に付された×印は、常用漢字表にない漢字（表外漢字）であることを、△印は、その音訓が常用漢字表にないもの（表外音訓）であることを示す。

9　取り上げた符号の類に付した名称は一例であり、他の呼び方を否定するものではない。

10　各ページの下段には、必要に応じて参考となる資料を掲げ、各資料を閲覧するためのＱＲコードを「関係資料一覧」に示した。なお、電子版においては、インターネット上にある各資料へのリンクを可能な限り付した。

基本的な考え方

1　公用文作成の在り方

(1) 読み手とのコミュニケーションとしての公用文作成

ア　読み手に理解され、信頼され、行動の指針とされる文書を作成する

国の府省庁による行政は、主に文書によって実施される。国民の生活に影響するルールや指針を示し、また、それに伴う必要な行為を要請するのも、文書によることが多い。そして、そういった文書の目的や意義をより親しみやすく伝えるために、解説や広報などの文書が別に示される場合もある。

これら府省庁において職務上作成される文書の全体を指すのが「公用文」である。公用文は、読み手に過不足なく理解され、また、信頼され、それによって必要な行動を起こすきっかけとされるべきである。文書をどのように作成するかは、そのまま行政への信頼の度合いにつながるとも言える。

公用文は、伝えたいことを一方的に書き連ねるものではない。文書を受け取って読む相手がいることを意識し、読み手が何を知りたいと考えているのかを想像しながら作成する必要がある。一方向の情報発信であっても、書き言葉によるコミュニケーションとして捉えるとよい。

イ　多様化する読み手に対応する

読み手となる人々は、かつては想定されなかったほどに多様化している。これからは、例えば、ふだん文書に触れることの少ない人などへの配慮が、ますます重要になると考えられる。書き手は読み手の理解力に頼りがちになる傾向がある。特に広く一般の人たちに向けた解説や広報においては、義務教育で学ぶ範囲の知識で理解できるように書くよう努める。

ウ　地方公共団体や民間の組織によって活用されることを意識する

国が示す公用文は、地方公共団体や民間の組織等によって、広く子供から高齢者まで読む文書に、更には日本語を母語としない人々などに向けた平易で親しみやすい日本語に、書き直されることも多い。そのことを意識して、あらかじめ読みやすいものにしておくことが重要である。

エ　解説・広報等では、より親しみやすい表記を用いてもよい

法令や告示・通知等では、公用文表記の原則に従う必要がある。ただし、広く一般に向けた解説や広報など、文書の目的や対象となる読み手によっては、国の府省庁等が作成する文書であっても、公用文表記の原則とは異なる表記を用いる方が効果的な場合がある。例えば、常用漢字であっても使用を控えたり、あえて振り仮名等を付けたりするなどの工夫ができる。ただし、一つの文書の中で、同じ用語に幾つもの表記が混在することのないようにする（引用部分を除く。）とともに、個人の判断に頼らず、各部署で表記に関する考え方を共有しておく。

オ　有効な手段・媒体を選択する

近年、国の府省庁での情報発信は、ウェブサイトを中心に行われる傾向がある。しかし、インターネットで広く公開すれば十分というわけではない。対象となる読み手にとっての利便性に配慮し、無理なく情報を受け取ることができる手段・媒体を選択するよう努める。その際、障害のある人たちをはじめ、誰もができるだけ公平に情報を入手できるよう配慮し、例えば、機械による音声読み上げ等にも対応するよう努める。また、どのような手段・媒体を用いる場合にも、書き手の立場や文書で取り上げる施策等を所管する機関や部局を明示し、責任の所在を明らかにしておきたい。

(2) 目的や種類に応じた公用文作成

ア　公用文の分類例

「公用文」とされるものの範囲は、これまで厳密に定められてきたわけではない。各府省庁において業務上作成される文書類の全てを指して使われることもあれば、法令をはじめ、内外に対して一定の拘束力や影響を及ぼす告示や訓令、法令に基づいた通知等のことに限っていう場合も見られる。

文書の目的や想定される読み手などを基準に、公用文を便宜的に分類する場合の例を示したのが次に示す表「公用文の分類例」である。本来公用文は、日本で日本語を用いて生活している人であれば、誰でも読めて理解できるものとすべきである。そのことを踏まえた上で、ここではあえて、それぞれの文書を実際に読み活用する機会が多いと考えられる人を「想定される読み手」として整理した。表に示した公用文の分類例は、便宜的なものであり、必ずしも明確に区分できるものではない。その点に留意しつつ、大別した文書類のそれぞれについては、イ～エで説明した。

なお、法令も広い意味では公用文の一部であり、法令と公用文においては、表記の一致が図られてきた。ただし、この解説では法令を直接の対象とはしないため、別枠として扱っている。

（表）公用文の分類例

大　別	具体例	想定される読み手	手段・媒体の例
法　令	法律、政令、省令、規則	専門的な知識がある人	官報
告示・通知等	告示・訓令 通達・通知 公告・公示	専門的な知識がある人	官報 府省庁が発する文書
記録・公開資料等	議事録・会見録 統計資料 報道発表資料 白書	ある程度の専門的な知識がある人	専門的な刊行物 府省庁による冊子 府省庁ウェブサイト
解説・広報等	法令・政策等の解説 広報 案内 Ｑ＆Ａ 質問等への回答	専門的な知識を特に持たない人	広報誌 パンフレット 府省庁ウェブサイト 同ＳＮＳアカウント

イ　「告示・通知等」の法令に準ずる文書では、公用文表記の原則に従う

法令を除く公用文のうち、法令に準ずるような告示や訓令等は、内外に対して一定の拘束力や実効性を持つものである。したがって、作成に当たっては、法令と表記を一致させるなど、法令に準じて扱う。

また同様に、一定の拘束力や実効性を持つ通知や通達等においては、法令で用いる語をそのまま使うことによって、正確さを保証すべきものがある。これらも公用文表記の原則に従って書く。各府省庁が文書番号を付して発出するような文書は、おおむねここに分類される。

ウ 「記録・公開資料等」では、原則に基づきつつ必要に応じて工夫する

記録・公開資料等の例としては、議事録・会見録、統計資料、報道発表資料、白書が挙げられる。これらにおいては、過去から将来にわたり、情報の正確さを保つことが重要である。したがって、公用文表記の原則に従うことを基本として作成すべきであろう。

ただし、内容や目的によっては、専門的な知識を持たない読み手を意識し、分かりやすい書き方が求められる場合がある。特に報道発表資料や白書では、必要に応じて法令に特有の用語をかみ砕いた表現に直すなど、専門的な知識は持たなくとも関心のある人々にどのように伝えるかを工夫したい。話し言葉を書き言葉に直して保存する議事録や会見録では、元の内容を正しく保ちながら、簡潔に分かりやすくまとめるよう努める。

エ 「解説・広報等」では、特別な知識を持たない人にとっての読みやすさを優先する

解説・広報等は、法令や告示・通知等の内容を分かりやすくかつ親しみやすく伝えたり、各府省庁の施策や具体的な取組について広く周知したりすることを目的とする。したがって、全ての国民が読み手となり得ることを意識しておく。特別な知識を持たない読み手であっても理解できる言葉を使って、礼儀正しくかつ親しみやすく伝えるよう努めたい。法令や告示・通知等に特有の言葉遣いや表記をそのまま用いるよりも、必要に応じてより分かりやすい文書作成を行うよう工夫する。

より分かりやすくかつ親しみやすく伝えることは、施策に対する読み手の関心を引き出し、法令や告示・通知等にまで触れるきっかけやもっと知りたいという意欲へとつながるものでもある。解説・広報等は、更に正確で専門的な知識を得るための入り口ともなることを意識しておきたい。

（付）公用文の分類を意識することの意義

現在、各府省庁で作成される文書類は多様である。上記の分類例で見たように、国民の生活に直接的な影響を及ぼすルール等が告示・通知等によって示されることをはじめ、各府省庁の取組とその内容を広く公開するための記録・公開資料等も日々作成されている。さらに、政策・施策の内容をより親しみやすく伝える解説・広報等の活動も盛んであり、今日では、ＳＮＳ（ソーシャル・ネットワーキング・サービス）による発信に力を入れているところも多い。これからの時代においては、文書等を受け取る相手や伝達の手段・方法が更に多様になっていくことが予想される。

告示・通知等、法令に準ずるような文書では、特に正確さを重視し、今後も従来どおり、法令と一致した表記を用いることをはじめ、公用文の書き表し方の原則に従っていくべきであろう。

一方、各府省庁では、主に広報などの分野で、多様な文書類それぞれの性格に応じた書き表し方の工夫が既に行われてきている。今後は、そういった考え方をあらかじめ共有していくことが望ましい。そのためにも、政府全体で又は府省庁等ごとに、公用文を作成する際に参照できる表記例集や用語例集を整え、共有するなどの工夫が望まれる。公用文の書き表し方の原則を理解した上で、読み手に応じた工夫の仕方を考えたい。

2 読み手に伝わる公用文作成の条件

(1) 正確に書く

ア　誤りのない正確な文書を作成する

正確に書くとは、必要な内容を誤りなくかつ過不足なく伝えることである。読み手に届けるべき情報を、意図するとおりに、誤解なく伝えるよう努める。公用文の内容に誤りや不正確な情報があってはならない。公用文は、いつでも正確であるという前提で受け取られるものである。十分な注意を払ったにもかかわらず誤りが見付かった場合には、必要な説明をするにとどめ、率直に認めて直ちに訂正する。

イ　実効性のある告示・通知等では、公用文の書き表し方の原則に従う〔p. 8～20 参照〕

公用文の中でも、国民に対して一定の影響力を発揮する告示・通知等は、法令と同様に、何よりも正確であることが求められる。したがって、従来の公用文の書き表し方を守り表記の揺れを防ぐとともに、誤読されたり複数の意味に解釈されたりするおそれのない書き方をするよう努める。

同じく、統計や調査等の結果を示す場合にも、第一に正確であることを期し、データやその示し方に誤りがないように確認する。ただし、多くの人にとってなじみがないと思われるような表現を用いる場合には、適宜、用語の説明や注を付けるなどの工夫を加える。

ウ　基となる情報の内容や意味を損なわない〔p. 21 参照〕

広報等を通じて、法令や告示・通知等の情報を広く一般の人たちに分かりやすく解説することは、国の府省庁の大切な役割となっている。法令や公用文に用いられる表現や語句には、多くの人にとって難解なものが含まれやすい。法令や公用文に特有の用語や表現等についてよく理解した上で、分かりやすく言い換える際にも正確さを保つことを意識し、基となる情報の内容や意味を損なわないようにする。

エ　関係法令等を適宜参照できるようにする

解説・広報等では、基になっている法令や告示・通知等の情報に関する資料を読み手が参照できるようにする。ただし、記事の冒頭で法令等をそのまま提示することはむしろ読み手の負担になる場合が多い。代わりに、別のページやリンク先へ案内するよう配慮し、必要とする人が適宜情報を得られるようにしておく。

オ　厳密さを求めすぎない

専門家同士であれば、難しい用語や詳しいデータをそのまま用いることによって正確な伝え合いが可能となる。しかし、専門的な知識を特に持たない人に対してはそのままでは伝わらない。正確さは厳密さと密接に関わるが、ただ厳密であればよいというものではないことに注意したい。伝えるべき内容は取捨選択し、文書の目的に照らして必要となる情報に絞って、その範囲を正確に書くよう努める。

(2) 分かりやすく書く

ア　読み手が十分に理解できるように工夫する

公用文は、誰にとっても分かりやすいものであることが理想である。中でも、解説・広報等に当たる文書など、専門的な知識を特に持たない人々に向けた情報では、分かりやすさを重視する。分かりやすい文書とは、読み手が内容を十分に理解できるように、伝える内容を絞り、専門用語などは言い換えたり具体例を用いたりするなど、表現を工夫して伝えるものである。文書が平易に書かれていたとしても、読み手が欲しいと思っている情報が提供されていなければ、意味を成さない。発信者の視点からではなく、読み手の求めていることが何であるのかに配慮した内容とするよう努める。

イ　伝えることを絞る

分かりやすさが重視される文書では、優先して伝えるべき情報を絞り込んでおく。文章の分量が増えると、分かりやすさは失われる。過不足や誤りがないよう十分に留意した上で、読み手のうちの多くが共通して必要とする事柄を優先して提示するよう工夫する。正確に誤りなく書こうという意識が強いと、持っている詳細な情報までを全て詰め込もうとしてしまいがちである。まずは伝える情報を厳選するよう心掛け、副次的な情報は、別のページで対応するとよい。

ウ　遠回しな書き方は避ける

伝えるべき重要なことは、はっきりと述べる。読み手にとって負担となるような事柄を伝える場合であったとしても、周辺にある事柄や、例外的なものから説明することは避ける。主旨をできるだけ明確に示すようにし、読み手に察してもらわないと伝わらないような書き方はしない。

エ　専門用語や外来語をむやみに用いない〔p. 21～24 参照〕

公用文では、法令に関する専門用語や、行政に特有の言い回しなどがよく用いられる。また、多くの人にとっては理解しにくい外来語も現れやすい。これらが文書を分かりにくくする原因となる場合がある。必要に応じて別の言葉に言い換えたり、説明や注を付けたりするなど、読み手に分かりやすく通じるよう工夫する。

オ　図表等によって視覚的な効果を活用する〔p. 20 参照〕

言葉だけでは分かりにくい場合など、必要に応じて、図表やイラスト、ピクトグラム（絵記号）等を用いて視覚的な効果を活用する。また、文書のレイアウトを工夫するとともに、使用する文字のデザイン、太さ、色などを適切に選択する。

カ　正確さとのバランスをとる

理想としては「分かりやすく正確な文書を作成する」ことを目指したい。ただし、読み手にとって分かりやすく書こうとすることと正確さを保つこととは、自然に両立すると言えない面がある。例えば、分かりやすくしようとする余り、誤解を招きやすいたとえや比喩を用いるなどした結果、正確さが損なわれてしまう場合がある。誇張された情報がないか、必要な情報までを省いていないか等、十分点検する。

（3）気持ちに配慮して書く

ア　文書の目的や種類、読み手にふさわしい書き方をする〔p. 27 参照〕

公用文には多くの種類があり、告示、公告、通達、通知などに加え、伺い、願い、届け、申請、照会、回答、報告など、往復文書の類もある。また、広報であれば、親しみやすく政策などを知らせることが求められる。それぞれの文書の目的や種類に合った書き方を工夫したい。所属組織内や府省庁間の文書では、法令用語や行政特有の言葉をそのまま用いる方が効率的であるが、外部の人に向けられる文書ではそうとは言えない。公用文の読み手は、今後ますます多様になっていくと考えられるため、読み手が誰であるのかを常に考えながら書くことが必要となる。むしろ、読み手が限定されない場合の方が多いと考え、広く通用する言葉を使う意識を持っておくとよい。

イ　読み手が違和感を抱かないように書く〔p. 28 参照〕

年齢差、性差、地域や国籍の違いなどに関連して、型にはまった考え方に基づいた記述がないか、常に注意する。例えば「年配の方でも簡単に申請できます。」という言い方には「高齢者は申請が苦手である」という考え方が隠れている。受け取る人によっては、気を悪くするおそれもある。

また、本来は問題のない言葉であっても、使用する際に注意が必要になる場合がある。例えば「帰国子女」という用語の「子女」は「息子と娘」の意味であり、本来は何ら問題のない言葉であるが、字面から女性に限定した言い方であるとの誤解を受ける場合もある。広く一般の人に読んでもらう解説・広報等では、「帰国学生」「帰国児童」などと言い換えておくなどの配慮もできる。

ウ　敬意を表す〔p. 27 参照〕

公用文は、不特定多数の読み手に向けられることが多いため、誰に対しても敬意が伝わるよう敬語を適切に用いて書く。例えば「利用者の方々」と「利用される皆さん」という言い方があるとき、前者は「方々」によって、後者は「利用する」を尊敬語にすることで敬意を表している。この場合、後者の方が敬意を一人一人に差し向けようとする面がある。一方、敬語は丁寧度の高い言葉を多用すればよいものではなく、かえってよそよそしい響きで読み手を遠ざけてしまう面もある。広報等では敬体（です・ます体）を基本としながら、簡潔な表現で敬意を表すよう意識するとよい。相手を立てようとする気持ちから過度の敬語を用いると、伝えるべき内容が分かりにくくなることがある。

エ　親しさを伝える〔p. 29 参照〕

敬語の用い方に注意を払うだけでなく、文書を親しみあるものにするよう意識する必要がある。人間関係に遠近があるように、言葉にも相手との距離を表す機能があり、敬意と親しさのバランスをとるよう考えながら書くことで適度な距離感になる。傾向として、和語より漢語、動詞的表現より名詞的表現で、対象が客観化されて距離感が大きくなりやすい。反対に、和語的な言い換えを添えたり、動詞的に表すようにしたりすることで、親しさの印象を増すこともできる。

例）災害による住宅の全壊など、生活基盤への甚大な損害が生じた被災世帯への支援金支給
　→ 災害で住宅が全壊するなど、暮らしの基盤を大きく損なう被害を受けた世帯の方へ、支援金が支払われます。

【関係資料】
「分かり合うための言語コミュニケーション」（平成 30 年 文化審議会国語分科会報告）

I　表記の原則

I－1　漢字の使い方

(1) 漢字使用の原則

ア　常用漢字表にある字種（漢字）や音訓を用いる

漢字の使用は、「公用文における漢字使用等について」（平成22年内閣訓令第1号）に基づき、「常用漢字表」（平成22年内閣告示第2号）の本表及び付表（表の見方及び使い方を含む。）に従う。常用漢字表に使える漢字がある語は、例外〔p.11参照〕を除き、その漢字を使って書き表す。常用漢字表にない漢字（表外漢字）や漢字が表にあっても採用されていない音訓は、原則として用いない。

例）絆（表にない漢字）→ きずな、絆（きずな）　活かす（表にない訓）→ 生かす、活（い）かす

イ　字体は常用漢字表に示された通用字体を用いる

（ア）特別な事情のない限り常用漢字表に示された通用字体を用いる。

例）隠蔽、補塡、進捗、頰、剝離　等　（「蔽、填、捗、頬、剥」等は用いない。）

謙遜、食餌療法　等　（「遜、遡、謎、餌、餅」は許容字体であるが、できれば用いない。）

（イ）字体・字形に関する印刷文字における習慣や印刷文字と手書き文字との関係等については、常用漢字表の「（付）字体についての解説」及び「常用漢字表の字体・字形に関する指針」（平成28年 文化審議会国語分科会報告）に基づく。

（ウ）常用漢字表にない漢字を使う必要が生じた場合には、特別な事情のない限り「表外漢字字体表」（平成12年 国語審議会答申）に示された印刷標準字体を用いる。

（エ）外国で用いられる漢字の字体は、その字に対応する通用字体又は印刷標準字体に改める。

ウ　固有名詞（地名・人名）には、常用漢字表にない漢字も使うことができる

（ア）固有名詞は、常用漢字表の適用対象ではない。したがって、地名は通用している書き方を用いる。また、人名は、原則として、本人の意思に基づいた表記を用いる。ただし、必要に応じて振り仮名を用いる。

（イ）特に差し支えのない場合には、固有名詞についても、常用漢字表の通用字体を用い、また、常用漢字表にない漢字については、表外漢字字体表の印刷標準字体を用いることが望ましい。

エ　読み手への配慮に基づき、原則と異なる書き方をすることもできる

解説・広報等においては、児童・生徒や日本語を母語としない人など、常用漢字に十分に通じていない人を対象に文書を作成することもある。また、常用漢字を使った用語が、全て平易というわけではない。場合によっては、分かりやすさや読み手への配慮を優先し、常用漢字表の字種・音訓を用いた語であっても、必要に応じて振り仮名等を用いたり仮名で書いたりするなどの工夫をする。

例）　語彙→語彙（い）、語い　　進捗→進捗（ちょく）、進ちょく

若しくは→もしくは　　飽くまで→あくまで　　授業の狙い→授業のねらい

【関係資料】
「表外漢字字体表」（平成12年　国語審議会答申）
「常用漢字表の字体・字形に関する指針」（平成28年 文化審議会国語分科会報告）

(2) 常用漢字表の字種・音訓で書き表せない場合

(※　×印は表にない漢字、△印は表にない音訓)

常用漢字表の字種・音訓で書き表せない語は次のように書く。

ア　仮名で書く

(ア) 訓による語は平仮名で書く。

例) 敢えて→あえて　予め→あらかじめ　或いは→あるいは　未だ→いまだ
謳う→うたう　嬉しい→うれしい　概ね→おおむね　自ずから→おのずから
叶う→かなう　叩く→たたく　止める・留める→とどめる　経つ→たつ
為す→なす　則る→のっとる　捗る→はかどる　以て→もって
依る・拠る→よる　宜しく→よろしく　坩堝→るつぼ

(イ) 音による語でも、漢字を用いないで意味の通るものは、そのまま平仮名で書く。

例) 斡旋→あっせん　億劫→おっくう　痙攣→けいれん　御馳走→ごちそう
颯爽→さっそう　杜撰→ずさん　石鹸→せっけん　覿面→てきめん
咄嗟→とっさ　煉瓦→れんが

(ウ) 動植物の名称を一般語として書くときには、常用漢字表にないものは仮名で、常用漢字表にあるものは漢字で書く。学術的な名称としては、慣用に従い片仮名で書くことが多い。

例) 鼠→ねずみ (ネズミ)　駱駝→らくだ (ラクダ)　薄→すすき (ススキ)
犬 (イヌ)　牛 (ウシ)　桑 (クワ)　桜 (サクラ)

イ　音訓が同じで、意味の通じる常用漢字を用いて書く

(ア) 常用漢字表中の同じ訓を持つ漢字を用いて書く。

例) 活かす→生かす　威す、嚇す→脅す　伐る、剪る→切る　口惜しい→悔しい
歎く→嘆く　脱ける→抜ける　拓く→開く　解る、判る→分かる　仇→敵
手許→手元　想い→思い　哀しい→悲しい　真に→誠に

(イ) 常用漢字表中の、同じ音を持ち、意味の通じる漢字を用いて書く。

例) 吉方→恵方　恰好→格好　確乎→確固　義捐金→義援金　醵出金→拠出金
車輛→車両　穿鑿→詮索　洗滌→洗浄　煽動→扇動　碇泊→停泊
顛覆→転覆　杜絶→途絶　日蝕→日食　脳裡→脳裏　編輯→編集
抛棄→放棄　聯合→連合　煉乳→練乳

ウ　常用漢字を用いた別の言葉で言い換える

(ア) 常用漢字表にある漢字を用いた言葉で言い換える。

例) 隘路→支障、困難、障害　軋轢→摩擦　改悛→改心　干魃→干害
瀆職→汚職　竣工→落成、完工　剪除→切除　捺印→押印
誹謗→中傷、悪口　逼迫→切迫　罹災→被災　論駁→反論、抗論

（イ）同じ意味の分かりやすい言い方で言い換える。

例）安堵する→安心する、ほっとする　　陥穽→落とし穴　　狭隘な→狭い
豪奢な→豪華な、ぜいたくな　　誤謬→誤り　　塵埃→ほこり
脆弱な→弱い、もろい　　庇護する→かばう、守る　　畢竟→つまるところ
酩酊する→酔う　　凌駕する→しのぐ、上回る　　漏洩する→漏らす

注：（ア）、（イ）両方の処理ができるものもある。

例）帰趨→動向、成り行き　　斟酌→遠慮、手加減

エ　表にない漢字だけを仮名書きにする、又は、振り仮名を付ける

他に良い言い換えがない、又は、言い換えをしては不都合なものは、常用漢字表にない漢字だけを平仮名書きにする、又は、その漢字をそのまま用いてこれに振り仮名を付ける。

（ウに例示した語でも、文書の目的や想定される読み手の在り方に合わせて、この方法を用いることができる。）

例）改竄→**改竄**、改ざん　　絆→**絆**、きずな　　牽引→**牽引**、けん引
口腔→**口腔**、口こう（「こうくう」とも。）　　招聘→**招聘**、招へい
綴る→**綴る**、つづる　　綴じる→**綴じる**、とじる　　酉の市→**酉の市**、とりの市

注：化学用語など、片仮名を用いる場合もある。
例）燐酸→リン酸　　沃素→ヨウ素　　弗素→フッ素

オ　振り仮名は、原則として表にない漢字・音訓のみに付ける

常用漢字表にない漢字や音訓を用いるときには、必ず振り仮名を付けるなどする。その際には法令と同様に、原則として熟語のうち常用漢字表にない漢字と音訓にのみ振り仮名を付ける。ただし、読み手に配慮して、熟語全体に振り仮名を付すこともある。

振り仮名は該当する漢字が現れる度に付ける必要はない。文書全体又は章ごとの初出に示すなどの基準を定め、文書内で統一して行うようにする。なお、振り仮名は見出しではなく本文部分に付すのが一般的である。

例）忸怩たる思い　　目標へ邁進する　　指揮者を招聘する　　未来を拓く

カ　振り仮名が使えない場合には、括弧内に読み方を示すこともできる

情報機器の設定等の関係で、振り仮名を用いることが難しい場合には、その漢字の後に括弧に入れて示すこともできる。その際、熟語についてはその全体の読み方を示す方が読み取りやすい。

例）忸怩（じくじ）たる思い　　目標へ邁進（まいしん）する
指揮者を招聘（しょうへい）する　　未来を拓（ひら）く

【関係資料】
「常用漢字表」（平成22年内閣告示第2号）
「公用文における漢字使用等について」（平成22年内閣訓令第1号）
「同音の漢字による書きかえ」（昭和31年 国語審議会報告）
「「異字同訓」の漢字の使い分け例」（平成26年 文化審議会国語分科会報告）

(3) 常用漢字表に使える漢字があっても仮名で書く場合

(※　×印は表にない漢字、△印は表にない音訓)

書き表そうとする語に使える漢字とその音訓が常用漢字表にある場合には、その漢字を用いて書くのが原則である。ただし、例外として仮名で書くものがある。

ア　仮名で書く

助詞

例)位→くらい(程度)　　等→など(例示。「等」は「とう」と読むときに用いる。)
程→ほど(程度)

助動詞

例)～の様だ→～のようだ　(やむを得)無い→ない

動詞・形容詞などの補助的な用法

例)～(し)て行く→ていく　～(し)て頂く→ていただく
～(し)て下さる→てくださる　～(し)て来る→てくる　～(し)て見る→てみる
～(し)て欲しい→てほしい　～(し)て良い→てよい
(実際の動作・状態等を表す場合は「…街へ行く」「…賞状を頂く」「…贈物を下さる」「…東から来る」「しっかり見る」「資格が欲しい」「声が良い」のように漢字を用いる。)

形式名詞

例)事→こと　時→とき　所・処→ところ　物・者→もの
(ただし、「事は重大である」「法律の定める年齢に達した時」「家を建てる所」「所持する物」「裁判所の指名した者」のように、具体的に特定できる対象がある場合には漢字で書く。)
中・内→うち(「…のうち」等。「内に秘める」などは漢字で書く。)　為→ため
通り→とおり(「通知のとおり…」「思ったとおり」等。「大通り」などは漢字で書く。)
故→ゆえ(「それゆえ…」等。「故あって」などは漢字で書く。)　様→よう(「このような…」等)
訳→わけ(「そうするわけにはいかない」等。「訳あって」などは漢字で書く。)

指示代名詞

例)これ　それ　どれ　ここ　そこ　どこ

漢字の持つ実質的な意味が薄くなっているもの

例)有難う→ありがとう(ただし「有り難い」は漢字で書く。)　お早う→おはよう
今日は→こんにちは　逆様→逆さま

いわゆる当て字や熟字訓(常用漢字表の付表にある語を除く。)

例)何時→いつ　如何→いかん　思惑→思わく　流石→さすが　素晴らしい→すばらしい
煙草→たばこ　一寸→ちょっと　普段→ふだん　滅多→めった
(「明後日(あさって)」「十八番(おはこ)」など、熟字訓が付表に採られていないものは、音読み(「みょうごにち」「じゅうはちばん」)でのみ用いる。訓読みする場合には仮名で書くか振り仮名等を付ける。)

その他

例)共→とも(「…するとともに」等。ただし「彼と共に…」などは漢字で書く。)

イ　仮名書きを基本とするが一部のものは漢字で書く

接続詞

例)さらに(副詞の「更に」「更なる」は漢字で書く。)　しかし　しかしながら

したがって（動詞の「従う」は漢字で書く。）　そして　そうして　そこで
それゆえ　ただし　ところが　ところで　また（副詞の「又」は漢字で書く。）
〔漢字を使って書く接続詞〕　及び　又は　並びに　若しくは

連体詞

例）あらゆる　ある（～日）　いかなる　いわゆる　この　その　どの
〔漢字を使って書く連体詞〕　来る（きたる）　去る　当の　我が　等

接頭辞・接尾辞

例）お…（お菓子、お願い）
（「おん（御）」「ご（御）」は漢字で書く（「御中」「御礼」「御挨拶」「御意見」等）。ただし、常用漢字表にない漢字を含む語は仮名書きし「御」も仮名で書く（「ごちそう（御馳走）」「ごもっとも（御尤も）」等）。）
…げ（「惜しげもなく」等）　…とも（「二人とも」等）　…たち（「私たち」等）
…ら（「僕ら」等）　…ぶる（「もったいぶる」等）　…ぶり（「説明ぶり」等）
…み（「有り難み」等）

ウ　動詞、副詞、形容詞は、漢字で書くことを基本とするが一部のものは仮名で書く

動詞のうち仮名で書くもの

例）居る→いる　出来る→できる（「利用ができる」。ただし、「出来が良い」などは漢字で書く。）　成る→なる（「1万円になる」。ただし、「歩が金に成る」「本表と付表から成る」などは漢字で書く。）

副詞のうち仮名で書くもの

例）色々→いろいろ　概ね→おおむね　自ずから→おのずから　いかに　いずれ
かなり　ここに　沢山→たくさん　丁度→ちょうど　とても　やがて
余程→よほど　わざと　わざわざ

ある（動詞）・ない（形容詞）

有る・在る→ある、無い→ない（「問題がある」「欠点がない」などは仮名で書く。「有無」の対照、「所在・存在」の意を強調するときは、「財産が有る」「有り・無し」「在り方」「在りし日」「日本はアジアの東に在る」など、漢字で書く。）

エ　常用漢字表にあっても法令に倣い仮名で書く

例）虞→おそれ　且つ→かつ　但し→ただし　但書→ただし書　外・他→ほか
因る→よる

オ　読み手への配慮や社会の慣用に基づいて、仮名を使う場合もある

次に例示するような語を公用文で用いる際には、漢字を用いて書くことになっているが、一般の社会生活では仮名で表記する場合も多い。解説・広報等においては、分かりやすさや親しみやすい表現を優先する観点から、必要に応じて仮名で書くことがある。

例）接頭辞「御」（御指導→ご指導　御参加→ご参加　等）
接続詞（及び→および　又は→または　並びに→ならびに　若しくは→もしくは）
副詞（飽くまで→あくまで　余り→あまり　幾ら→いくら　既に→すでに
直ちに→ただちに　何分→なにぶん　正に→まさに　等）

【関係資料】
「常用漢字表」（平成22年内閣告示第2号）
「公用文における漢字使用等について」（平成22年内閣訓令第1号）
「法令における漢字使用等について」（平成22年 内閣法制局長官決定）

Ｉ－２　送り仮名の付け方

ア　送り仮名は、「送り仮名の付け方」に基づく

送り仮名は漢字に添えて読み誤りを防ぎ、意味を明確にする効果がある。原則として「送り仮名の付け方」（昭和48年内閣告示第２号）の「本則」と「例外」に従って送る。これは、義務教育で学ぶ送り仮名の付け方と一致する。

イ　読み間違えるおそれのない複合の語の名詞（186語）は、送り仮名を省く

公用文では、活用のない複合の語186語に関しては、「許容」とされている表記（誤読等のおそれがない場合は送り仮名を省く）をあえて用いることとなっている。告示・通知等の文書では、法令と公用文における表記を一致させる考え方に基づき、活用がない複合の語について「送り仮名の付け方」通則６の「許容」（読み間違えるおそれがないものについては送り仮名を省くことができる）を適用する。該当するのは、「公用文における漢字使用等について」に示された、以下の名詞である。

明渡し　預り金　言渡し　入替え　植付け　魚釣用具　受入れ　受皿　受持ち　受渡し　渦巻　打合せ　打合せ会
打切り　内払　移替え　埋立て　売上げ　売惜しみ　売出し　売場　売払い　売渡し　売行き　縁組　追越し
置場　贈物　帯留　折詰　買上げ　買入れ　買受け　買換え　買占め　買取り　買戻し　買物　書換え　格付
掛金　貸切り　貸金　貸越し　貸倒れ　貸出し　貸付け　借入れ　借受け　借換え　刈取り　缶切　期限付
切上げ　切替え　切下げ　切捨て　切土　切取り　切離し　靴下留　組合せ　組入れ　組替え　組立て
くみ取便所　繰上げ　繰入れ　繰替え　繰越し　繰下げ　繰延べ　繰戻し　差押え　差止め　差引き　差戻し
砂糖漬　下請　締切り　条件付　仕分　据置き　据付け　捨場　座込み　栓抜　備置き　備付け　染物　田植
立会い　立入り　立替え　立札　月掛　付添い　月払　積卸し　積替え　積込み　積出し　積立て　積付け
釣合い　釣鐘　釣銭　釣針　手続　問合せ　届出　取上げ　取扱い　取卸し　取替え　取決め　取崩し　取消し
取壊し　取下げ　取締り　取調べ　取立て　取次ぎ　取付け　取戻し　投売り　抜取り　飲物　乗換え　乗組み
話合い　払込み　払下げ　払出し　払戻し　払渡し　払渡済み　貼付け　引上げ　引揚げ　引受け　引起し
引換え　引込み　引下げ　引締め　引継ぎ　引取り　引渡し　日雇　歩留り　船着場　不払　賦払　振出し
前払　巻付け　巻取り　見合せ　見積り　見習　未払　申合せ　申合せ事項　申入れ　申込み　申立て　申出
持家　持込み　持分　元請　戻入れ　催物　盛土　焼付け　雇入れ　雇主　譲受け　譲渡し　呼出し　読替え
割当て　割増し　割戻し

同様の漢字を使う複合の語でも、動詞については、送り仮名の付け方の「本則」に従って書く。
　例）入れ替える　　売り上げる　　仕分ける　　問い合わせる　　申し合わせる　　呼び出す

ウ　文書の性格や読み手に配慮し、送り仮名を省かずに書くこともできる

広く一般の人に向けた解説・広報等においては、読み手に配慮して、多くの人が理解している学校教育で学ぶ表記を用いた方が良い場合がある。社会では、学校教育で学んだ表記が広く用いられており、公用文で使われる送り仮名を省く表記を見慣れていない人も多い。

例）公用文表記の原則：　食品売場　　期限付の職　　解約の手続　　雇主責任
　　学校教育で学ぶ表記：　食品売り場　　期限付きの職　　解約の手続き　　雇い主責任

また、「送り仮名の付け方」の通則７に従い、特定の領域の語で慣用が固定している名詞（「取締役」「書留」等）、一般に慣用が固定している名詞（「子守」「献立」「日付」等）は送り仮名を省いて書くこととなっている。これに当たる語であるかどうかは、通則７や「法令における漢字使用等について」の「２　送り仮名について」の（２）のイに挙げられた例によって確認できる。これらの例になく、慣用が固定しているかどうか判断できないときや、読み手が読みにくいと考えられるときには、送り仮名を省かずに書くこともできる。

【関係資料】
「送り仮名の付け方」（昭和48年内閣告示第２号）
「公用文における漢字使用等について」（平成22年内閣訓令第１号）
「法令における漢字使用等について」（平成22年 内閣法制局長官決定）

- 13 -

Ｉ－３　外来語の表記

ア　外来語の表記は、「外来語の表記」（平成３年 内閣告示第２号）に基づく

外来語を片仮名によって表記する場合、日本語の音韻の範囲内で無理なく発音できる表記と、原語に近く発音するための手掛かりとなる表記の２通りがある。「外来語の表記」にある二つの表のうち、主に前者には第１表が、後者には第２表が対応する。二つの表にない表記は、原則として用いない。

イ　日本語として広く使われている表記を用いる

国語として定着した外来語は、第１表にある表記で書き表す。

例）セロハン　　プラスチック　　デジタル　等

これらは、同様に第１表内の「ファ」「ティ」「ディ」によって、セロファン、プラスティック、ディジタルと書くこともできるが、広く使われ理解されている表記を用いる。

ウ　必要な場合には、原語の発音に近づくように書く

比較的近年になって取り入れられた外来語については、原語（主に英語）の発音を耳にする機会が多くなったことなどから、第２表で書き表す方が主となっている場合がある。元の外国語の発音やつづりと関連付けることが慣用になっている場合は、次に挙げるように第２表を活用する。

例）ウェイト　　ウェブ　　クォーク　　フュージョン

特に人名・地名など固有名詞は原音に近く書き表す慣用があり、例えば第２表のウィ、ウェ、ウォを用いた表記では、ウィリアム、ウェールズ、ウォール街などが広く用いられている。

一般の用語は、第１表に従って書くことが基本となる。必要があって第２表に基づく場合には、一つの文書内で異同が生じないようにする。

例）第１表によるもの　ウイルス　　ウエディング　　ウオーター　等
　　第２表によるもの　ウィルス　　ウェディング　　ウォーター　等

また、第２表によれば、バ行に「ヴァイオリン」「ヴェール」のように「ヴ」を使用できるが、日本語としてそのとおり発音されることは少ない。原則として「バビブベボ」を用い、「ヴ」をむやみに使用することは慎む。さらに、原語に近づけるため二つの表にない表記を用いることはしない。

エ　長音は、原則として長音符号を使って書く

長音は、長音符号を使って書く。

例）エネルギー　　オーバーコート　　グループ　　ゲーム　　ショー　　メール

ただし、次のようなものは慣用に従い、長音符号を用いずに書く。

例）バレエ（舞踊）　ミイラ　　エイト　　ペイント　　レイアウト　　サラダボウル

英語の語末の－er、-or、-arなどに当たるものは、ア列の長音とし、長音符号を用いて書くのが原則である。そのほか、-ty、-ryなど、yで終わる語も長音符号を用いて書く。

例）コンピューター（computer）　エレベーター（elevator）　カレンダー（calendar）
　　コミュニティー（community）　カテゴリー（category）

なお、片仮名で表記されている人名、地名、外来語の長音に平仮名で振り仮名を付ける必要があるような場合には、便宜的に長音符号をそのまま用いてよい。

例）リチャード（りちゃーど）　メアリー（めありー）　デンマーク（でんまーく）　ポーランド（ぽーらんど）　サービス（さーびす）　テーマ（てーま）

【関係資料】
「外来語の表記」（平成３年内閣告示第２号）

Ｉ－４ 数字の使い方

ア　横書きでは、算用数字を使う

例）令和２年11月26日　午後２時37分　72％　電話：03－5253－****

イ　大きな数は、三桁ごとにコンマで区切る

四桁以上の数は三桁ごとにコンマで区切って書く。

例）5,000　62,250円　1,254,372人

ウ　兆・億・万の単位は、漢字を使う

「５兆、100億、30万円」のような場合には、兆・億・万を漢字で書くが、千・百は、例えば「５千」「３百」としないで、「5,000」「300」と書く。単位の漢字と算用数字を合わせて使う場合、数字だけの場合とコンマの位置がずれることによる混乱を避けるため、コンマを省いてもよい。

例）１億2,644万3,000人 ／ １億2644万3000人 （126,443,000人）

エ　全角･半角は、文書内で使い分けを統一する

算用数字に全角を用いるか半角を用いるかについて、特に定めはないが、使い分けの考え方を文書内で統一する。その際、全角と半角が混在すると、印刷文字（フォント）の選択によっては、不ぞろいや不自然な空白などが生じ、読み取りにくくなる場合があることに留意する。とりわけ年月日などの一まとまりの部分では注意が必要である。また、データや金額等の数値を示す場合には、半角数字を用いる。全角の数字は、情報処理において数値として認識されない場合がある。

オ　概数は、漢数字を使う

例）二十余人　数十人　四、五十人

（算用数字で統一したい場合は、「20人余り」「40～50人」などと書き方を工夫する。）

カ　語を構成する数や常用漢字表の訓による数え方などは、漢数字を使う

（ア）　熟語、成語、ことわざを構成する数

例）二者択一　千里の道も一歩から　三日坊主　再三再四　幾百　幾千　等

（イ）　常用漢字表の訓、付表の語を用いた数え方（（ ）内は読み方）

例）一つ、二つ、三つ…　一人（ひとり）、二人（ふたり）…
一日（ついたち）、二日（ふつか）、三日（みっか）…
一間（ひとま）、二間（ふたま）、三間（みま）…

（「ひとつ、ふたつ、みっつ…」は和語であり、常用漢字表で漢字の訓として整理されていることに従い「一つ、二つ、三つ…」と書く。このことは学校教育でも同様に扱われている。

ただし、一般の社会生活において、横書きでは算用数字を使った「１つ、２つ、３つ…」という表記が広く使われている。広報等で明確に数を数えているような場合などに限って、算用数字を用いて表記することがある。このことは「一人、二人、三人…」「一日、二日、三日…」などでも同様である。）

（ウ）　他の数字と置き換えられない数

例）三権分立　六法全書　七福神　二十四節気

（エ）　歴史、伝統文化、宗教等の用語

例）前九年の役　三国干渉　三代目坂田藤十郎　お七夜　七五三　四十九日

キ　縦書きする場合には、漢数字を使う

告示や質問主意書に対する答弁書等の縦書きでは、原則として次のように漢数字を省略せず用いる。

例）令和二年十一月二十六日　　千九百八十三年　　二時三十七分　　七十二・三パーセント

広報等の縦書きでは、次のような書き方をすることがある。

例）一九八三年　　五三人　　二時三七分　　2時37分　　72・3パーセント（又は％）

電話：〇三―五二五三―＊＊＊＊　（ゼロには「〇」（文字コード上の漢数字）を用いる。）

ク　縦書きされた漢数字を横書きで引用する場合には、算用数字にする

例）なお、昭和五十六年内閣告示第一号は廃止する。

→ なお、昭和56年内閣告示第1号は廃止する。

ただし、元の表記を示すために、漢数字を用いる場合もある。

ケ　算用数字を使う横書きでは、「〇か所」「〇か月」と書く

常用漢字表には「箇」が採られているが、横書きで算用数字を用いる場合には「3か所」「7か月」と平仮名を用いて書く。一般の社会生活でよく使われる「3ヶ所」「7カ月」といった表記はしない。

なお、概数を示すために漢数字を用いる場合には、「数箇所」「数十箇所」のように「箇」を使って書く。また、「何箇所」「何箇月」なども「箇」を用いる。同様に、縦書きで漢数字を用いる場合には「三箇所」「七箇月」と書く。これを横書きで引用するときには、「3か所」「7か月」のように直す。（必要に応じて、元の縦書きにおける表記と同じにすることもある。）

（付）①　「以上」「以下」「以前」「以後」の使い方

起算点となる数量や日時などを含む場合に用いる。

例）100人以上／以下＝100人を含んで、100人より多い／少ない人数
5月1日以前／以後＝5月1日を含んで、それより前／後への時間的広がり

ただし、「昭和期以前」「第一次世界大戦以前」のように、時間に幅があるものについては、「昭和期」「第一次世界大戦」を含めず、その始まりの時点よりも前をいうことが多い。一方、「昭和期以後」「第一次世界大戦以後」は、「昭和期」「第一次世界大戦」を含んで使われることが多い。このようなものは「大正時代が終わるまで」「第一次世界大戦の始まる1914年より前」「昭和に入って以降」「第一次世界大戦が始まった1914年以降」のように、分かりやすく表現するとよい。

②　「超える」「未満」「満たない」「前」「後」の使い方

起算点となる数量や日時などを含まない場合に用いる。

例）100人を超える＝100人を含まずに、100人より多い人数
100人未満・100人に満たない＝100人を含まずに、100人より少ない人数
5月1日前／後＝5月1日を含まず、それより前／後への時間的広がり

③　起算点による期間の使い分け

起算点に留意して使い分ける。

例）満5年、5か年、5年ぶり、5周年＝まるまる5年。「～年ぶりに開催」の「～年」は、前の開催年の翌年から数えて、今回の開催年を含む
5年目、5年掛かり、5年来、5年越し＝起算の年を含んで5年

Ⅰ－５　符号の使い方

（1）句読点や括弧の使い方

（※　各符号等の名称は一例）

ア　句点には「。」読点には「、」を用いる。横書きでは、読点に「，」を用いてもよい

句点には「。」(マル)、読点には「、」(テン) を用いることを原則とするが、横書きでは事情に応じて「,」(コンマ) を用いることもできる。ただし、両者が混在しないよう留意する。学術的・専門的に必要な場合等を除いて、句点に「.」(ピリオド) は用いない。欧文では「,」と「.」を用いる。

イ　「・」(ナカテン) は、並列する語、外来語や人名の区切り、箇条書の冒頭等に用いる

例) 光の三原色は、赤・緑・青である。
ケース・バイ・ケース　　マルコ・ポーロ　　・項目1　　[illegible]

ウ　括弧は、() (丸括弧) と「」(かぎ括弧) を用いることを基本とする

法令や公用文で用いる括弧は、() と「」を基本とする。() や「」の中に、更に () や「」を用いる場合にも、そのまま重ねて用いる。ただし、解説・広報等では、「」の中で『』(二重かぎ括弧) を使うこともある。また、閉じの丸括弧) (片括弧) のみで用いることもある。

例)「「異字同訓」の漢字の使い分け例」(平成26 (2014) 年　文化審議会国語分科会報告)

エ　括弧の中で文が終わる場合には、句点 (。) を打つ

括弧の中で文が終わる場合には、閉じ括弧の前に句点を打つ。

例) (以下「基本計画」という。)　　「決める。」と発言した。

ただし、引用部分や文以外 (名詞、単語としての使用、強調表現、日付等) に用いる場合には打たない。また、文が名詞で終わる場合にも打たない。

例) 議事録に「決める」との発言があった。　「決める」という動詞を使う。
国立科学博物館 (上野)　「わざ」を高度に体現する。

オ　文末にある括弧と句点の関係を使い分ける

文末に括弧がある場合、それが部分的な注釈であれば閉じた括弧の後に句点を打つ。

例) 当事業は一時休止を決定した。ただし、年内にも再開を予定している (日程は未定である。)。

さらに、二つ以上の文、又は、文章全体の注釈であれば、最後の文と括弧の間に句点を打つ。

例) 当事業は一時休止を決定した。ただし、年内にも再開を予定している。(別紙として、決定に至った経緯に関する資料を付した。)

なお、一般の社会生活においては、括弧内の句点を省略することが多い。解説・広報等では、そこで文が終わっていることがはっきりしている場合に限って、括弧内の句点を省略することがある。

例) 年内にも再開を予定しています (日程は未定です)。

カ　【】(隅付き括弧) は、項目を示したり、強調すべき点を目立たせたりする

【】は項目を示したり、注意点や強調すべき点を目立たせたりする目的で多く使用される。文書内での用法を統一し、効果的に用いる。

例)　【会場】文部科学省講堂　　【取扱注意】

キ　そのほかの括弧等はむやみに用いず、必要な場合には用法を統一して使用する

() や「」、『』、【】のほかにも様々な括弧の類があるが、慣用が定着しているとは言い難い面がある。むやみに使用しないようにし、必要な場合には文書内で用法を統一して使う。

（2）様々な符号の使い方

（※　各符号等の名称は一例）

ア　必要に応じて「？」「！」を用いる

日本語の表記においても、会話をそのまま書き表した文などでは、「？」を用いないと意味が通じないような場合や、「！」を用いた方がより明快に伝わる場合がある。公用文においても解説・広報等の文書、また、発言をそのまま記載する記録などにおいては、必要に応じて使用して差し支えない。なお、「？」「！」の後に文が続く場合には、全角又は半角1文字分空ける。

「？」（疑問符）　疑問や質問、反問を示す。無言で疑問の意を表す様子を示す　等

例）○○法が改正されたのを知っていますか？　　もう発表されているのですか？

「！」（感嘆符）　感動や強調、驚きなどを示す　等

例）みんなで遊びに来てください！　　来月20日、開催！　　すばらしいお天気！

イ　他の符号を用いる場合には、文書内で用法を統一し、濫用を避ける

「：」「—」「-」「～」「…」等も文書内で用いる場合がある。これらの用い方について特に定めはないが慣用に倣い、文書内での用法を統一するとともに、むやみに多用しない。また、符号のうちには、情報処理の際に文字化けを起こすものがあることに留意する。以下は呼称・使用法の例。

「：」（コロン）　項目とその内容・説明等を区切る。文中の語とその説明とを区切る　等

例）住所：東京都千代田区…　　注：31条のなお書きを指す。

「—」（ダッシュ）　文の流れを切り、間を置く。発言の中断や言いよどみを表す　等

例）昭和56年の次官通知—（又は二つ重ねる「——」）　これは既に無効であるが——

「-」（ハイフン）　数字やアルファベットによる表記の区切りやつなぎに使う　等

例）〒100-8959　　03-5253-****

「～」（波形）　時間や距離などの起点と終点を表す。「から」「まで」を表す　等

例）10時～12時　　東京～京都　　価格：3,000円～　　～10月4日

「…」（3点リーダー）　続くものの存在を示す。重ねて項目とページ数や内容をつなぐ　等

例）牛、馬、豚、鶏…（又は二つ重ねる「……」）　第5章………2　　材料………鉄

「＊」（アステリスク）　文中の語句に付けて、注や補足に導く。補足的事項の頭に付ける　等

例）国際的な基準であるＣＥＦＲ*を参考にして

「※」（米印又は星）　見出し、補足的事項の頭に付けて、目立たせる　等

例）※　データは令和元年9月現在

「／・/」（スラッシュ）　引用文の改行位置を示す。文節など文の区切りを示す。対比する　等

例）…であった。／なお、…　　痛む／傷む／悼む　　直流／交流　等

ウ　矢印や箇条書等の冒頭に用いる符号は、文書内で用法を統一して使う

矢印の類（→、⇒、⇔ 等）の用い方、また、箇条書や見出しの冒頭に置く様々な符号（・、○、●、◎、◇、◆、□、■ 等）の用い方についても特に定めはないが、文書内での用法を統一し、読み手に意図が伝わるようにする。

エ　単位を表す符号を用いる場合は、文書内で用法を統一して使う

℃、％、￥、＄など、単位を表す符号の用い方についても特に定めはないが、「度」「パーセント」「円」「ドル」などと書く代わりに用いる場合には、慣用に従うとともに文書内での用法を統一する。

Ⅰ－６ その他の原則

ア 文の書き出しや改行したときには、原則として１字下げする

文の最初や改行した直後の書き出しでは、１字分空ける。ウェブサイトにおいても基本的に同様であるが、各府省庁における運用ルール等に従う。電子メールやＳＮＳにおいては、この限りではない。

なお、ウェブサイトを含む解説・広報等では、１字下げの代わりに、段落間を広く空けたり行間に余裕を持たせたりするなど、読み取りやすくするために別の工夫を行うことができる。

イ 繰り返し符号は「々」のみを用い、２字以上の繰り返しはそのまま書く

繰り返し符号は、同じ漢字の繰り返しを示す「々」（同の字点（どうのじてん））のみを用いる。

例） 並々ならぬ　東南アジアの国々　年々高まっている　正々堂々

ただし、複合語の切れ目に当たる次のような場合には、漢字１字の繰り返しであっても、「々」は使わずそのまま書く。

例） 民主主義　表外漢字字体表　〇〇党党首

また、２字以上の繰り返しは、そのまま書く。

例） ますます　一つ一つ　一人一人　一歩一歩　知らず知らず　繰り返し繰り返し

ウ 項目の細別と階層を適切に示す

項目の細別と階層は、例えば次のような順序を用いる。数字や記号等は、必ずしもこれに従う必要はなく、ローマ数字（Ⅰ，Ⅱ，Ⅲ…）やローマ字アルファベット（A，a，B，b，C，c…）等を用いることもできる。

（横書きの場合の例）

第１	１	（１）	ア	（ア）
第２	２	（２）	イ	（イ）
第３	３	（３）	ウ	（ウ）

（縦書きの場合の例）

第一	一	１	（一）	（１）	ア
第二	二	２	（二）	（２）	イ
第三	三	３	（三）	（３）	ウ

エ ローマ字を用いるときには、全角･半角を適切に使い分ける

ローマ字欧文やローマ字表記など、（いわゆるアルファベット（A，a，B，b，C，c…）を指す。ラテン文字とも。）アルファベットを用いる場合に全角を用いるか半角を用いるかについて特に定めはないが、使い分けを文書内で用法を統一する。例えばこの解説報告では、原則として半角のアルファベットを用いているが、頭文字だけで示すような略語には全角を使用している。また、欧文を書き表す場合には、半角を用いる。全角のローマ字を用いると、情報処理において欧文・単語として認識されない場合がある。

オ 日本人の姓名をローマ字で示すときには、姓－名の順に表記する

日本人の姓名をローマ字で表記するときには、差し支えのない限り「姓―名」の順を用いる。姓と名を明確に区別させる必要がある場合には、「YAMADA Haruo」などと姓を全て大文字とし、「姓―名」の構造を示す。

名を１文字目だけで示す場合には、「Yamada H.」「YAMADA H.」「Yamada,H.」などとする。

カ　電子的な情報交換では、内容が意図するとおりに伝わるよう留意する

使用する情報機器に搭載された日本語入力システムの環境や設定によっては、漢字、丸囲み数字（①②③等）、単位記号、符号、半角カナ文字等の中に、電子的な情報交換の難しいものがあることに留意する。なお、ユニコード（世界中の全ての文字を共通して利用できることを目指して作成された文字コード）を用いると、文字化けなどが起こりにくい。

キ　読みやすい印刷文字を選ぶ

使用する印刷文字（フォント）を工夫する。最近では、ユニバーサル・デザイン・フォントなど、様々な書体（デザイン）が使用されるようになっている。相手側の情報機器の環境で再現されるか否かに配慮しつつ、書体・色・大きさの３点に留意し、読みやすい印刷文字を選択する。

ク　略語は、元になった用語を示してから用い、必要に応じて説明を添える

専門用語などを中心に、言葉の一部を省略することがある。

例）知的財産 → 知財　　大学設置・学校法人審議会 → 設置審
　　Social Networking Service → ＳＮＳ

特に専門的な知識を持たない人に向けて書く文書においては、略語だけを用いることのないようにする。文書中に繰り返し出てくる場合は、初出箇所で、「知的財産（以下「知財」という。）」などと示し、以降は省略した語をそのまま用いることができる。

また、外国語に基づく場合にも、文書中に繰り返し出てくる場合は、初出箇所で正式名称を示した上で括弧内に略語を示し、２回目以降は略語を用いるようにしてもよい。例えば「クオリティー・オブ・ライフ（以下「ＱＯＬ」という。）」と片仮名表記で示した上でアルファベットの略語を示す。必要と判断される場合には、例のように原語を添えてもよい。

例）クオリティー・オブ・ライフ（Quality of Life 。以下「ＱＯＬ」という。）

ケ　図表を効果的に用いる

図表の示し方に一定の決まりはないが、一見して、その内容が分かるような示し方をする。グラフや表を作成する際には、示している内容を一言で表現する標題（タイトル）や簡潔な説明（キャプション）を分かりやすい位置に付ける。

グラフでは、縦軸や横軸の軸名称、必要に応じて凡例を示す。書き手が何を強調したいかによって、グラフの種類の選択を工夫する。表では、見やすくするために、列間や行間に余裕を持たせる。

また、グラフや表は、色覚の多様性に配慮した見分けやすい配色とする。情報機器での閲覧だけではなく、印刷する場合のことなども考慮し、むやみに多色を用いることはせず、白黒で示される場合も想定しておく。

そのほか、強調したい事項や、本文とは別に目立たせたい事柄などは、このページの下段のように四角で囲んで示すなどの工夫ができる。ただし、囲んで示すものが多くならないよう留意する。

【関係資料】
「公用文作成の要領」（昭和 27 年 内閣官房長官依命通知別紙）
「国際社会に対応する日本語の在り方」（平成 12 年 国語審議会答申）
「公用文等における日本人の姓名のローマ字表記について」（令和元年 関係府省庁申合せ）

Ⅱ　用語の使い方

Ⅱ－1　法令・公用文に特有の用語の扱い

法令・公用文に特有の用語は適切に使用し、必要に応じて言い換える

例示するとおり、法令・公用文には、一般的な書き言葉とは異なる用法を持つ用語がある。法令に準ずる告示・通知等においては、それらを正確に使用しなくてはならない。ただし、専門的な知識を持たない人に向けた解説・広報等の文書においては、より分かりやすく言い換える工夫が必要となる。

及び・並びに

法令・公用文で、複数の物事を結び付けたり、同時に採り上げたりすることを表す場合に、「と」という意味で用いる。「及び」を用いていない文では、「並びに」は現れない。広報等では、特に「並びに」は使わないようにし、例に示すような言い換えをするなどの工夫をする。

・A及びB　二つの物事を結び付けたり、同時に採り上げたりする。

例）「委員**及び**臨時委員」→　委員と臨時委員の両者

・A、B、C及びD　等しく扱うべき三つ以上の物事を結び付けたり、同時に取り上げたりする。最後のつながり部分にのみ「及び」を用い、他は「、」とする。

例）「執筆し、編集し、印刷し、**及び**保存する。」→ 執筆、編集、印刷、保存を全て行う。

・A及びB並びにC（及びD）　三つ以上の物事を結び付けるなどの際に、結び付きの強さに段階がある場合、1段階目の結び付きには「及び」を、2段階目の結び付きには「並びに」を使う。

例）「鉄道の整備**及び**安全の確保**並びに**鉄道事業の発達**及び**改善に配慮する。」
→ 次に挙げること全てに配慮する。・鉄道の整備と安全の確保　・鉄道事業の発達と改善

又は・若しくは

法令・公用文で、複数の物事のうち、いずれか一つを選ぶことを表す場合に、「か」という意味で用いる。「又は」を用いていない文に「若しくは」は現れない。広報等では、特に「若しくは」は使わないようにし、例に示すような言い換えをするなどの工夫をする。

・A又はB　二つの物事のうち、どちらか一方を選ぶ。

例）「英語**又は**中国語」→ 英語か中国語のどちらか一方

・A、B、C又はD　それぞれ同格の三つ以上の物事の中から一つを選ぶ。最後に示す物事の前にだけ「又は」を用い、他は「、」とする。広報等では言い換えるとよい。

例）「物理、生物、化学**又は**地学を選択する。」
→ 物理、生物、化学、地学の4科目のうち、いずれか一つを選択する。

・A若しくはB又はC（若しくはD）　三つ以上の物事から一つを選ぶ際に、結び付きの強さに段階がある場合、1段階目の結び付きには「若しくは」を、2段階目の結び付きには「又は」を使う。

例）「英語**若しくは**中国語**又は**数学**若しくは**理科を選択し受験する。」
→次のアとイのどちらか一方の方法を選択し、さらにそのうちで選んだ1科目を受験する。
ア 英語か中国語のどちらかを受験する。　イ 数学か理科のどちらかを受験する。

そのほか、次のような語の用法に留意する

場合・とき

「場合」は仮定の条件又は既に定まっている条件を示す。「とき」は特定できない時間を表すほか、「場合」と同様に仮定の条件又は既に定まっている条件を示す。

例）内閣訓令第2号の「許容」に含まれる場合は　　提出を求められたときは

前提となる条件が二つある場合には、大きい条件を「場合」で、小さい条件を「とき」で表す。

例）該当する漢字が常用漢字表にない場合であって、代用できる同音の漢字があるときは

直ちに・速やかに・遅滞なく

いずれも「すぐに」という意味であるが、最も即時性が高く遅れが許されないときに「直ちに」、それよりも差し迫っていない場合に「速やかに」、また、正当な理由があれば遅れが許される場合に「遅滞なく」が用いられることが多い。

Ⅱ－２　専門用語の扱い

専門用語は、語の性質や使う場面に応じて分かりやすくする工夫をする

広く一般に知られていない専門用語は、用語の性質や使う場面に応じて、分かりやすくする工夫をするのが望ましい。その際、次の三つの考え方（「言い換える」「説明を付けて使う」「普及を図る」）に当てはめて、対応を工夫するとよい。なお、専門用語の中には、次項で述べる外来語やアルファベット略語の形を取るものもある。

ア　言い換える

専門的に定義されている用語であっても、その用語が難解なものについては、その厳密な概念が問題にされない場合は、日常語に言い換えるのが望ましい。例えば不動産分野等で用いられる「埋蔵文化財包蔵地」は、「文化財が埋まっている状態の土地」を表す文化財保護法に基づく専門用語であるが、「遺跡」という一般的な言葉に置き換えて問題のない場合も多い。こうした場合も専門用語は避け、日常語に言い換えたい。

また、専門家同士で使っている用語で、その用語でなくても意味が表せるものは、一般的な言葉に言い換えることが求められる。例えば医療分野では、「頻回に水分を取る」などと、「頻回」という用語がよく使われており、それがそのまま一般向けの文書に使われていることがある。しかしながら、この用語には医学的な定義があるわけではなく、「頻繁に」「何回も」などの日常語で十分に意味が表せる。このような用語は使わないようにして、日常語に言い換えるべきである。

イ　説明を付けて使う

一方、日常語では言い換えることができない専門用語も多く、その中には専門的な知識を持たない人々にとって重要な意味を持つものもある。そうした場合は、専門用語を使った上で、分かりやすい説明を添える工夫が望まれる。例えば「罹災」は、「罹」が常用漢字に入っていない難解な用語であるが、「罹災証明書」を発行する必要のあるときなど、別の用語に置き換えるわけにはいかない場合も多い。こうした場合は、「罹災証明書（支援を受けるために被災の程度を証明する書類）」というように、説明を付けて使うのが適切である。

ウ　普及を図るべき用語は、工夫してそのまま用いる

専門用語の中には、最近登場したばかりで知られていないが、今後、普及が望まれるものもある。例えば、平成期の終わり頃から使われるようになった気象専門用語「線状降水帯」は、多くの人にとってはまだなじみがないと思われる。しかし、大雨の被害から身を守るために、普及が望まれる用語である。防災に結び付くような分かりやすい説明の表現としては、例えば「発達した積乱雲が、次々に襲ってくる地帯のこと。そこでは、集中豪雨が起きます」などが考えられる。説明を添えて、この用語を積極的に使うことによって、普及を図る。

また、「ＳＤＧｓ（エスディージーズ）」のように、より良い社会にするために普及が望まれる新しい概念を表す用語にも、分かりやすい説明が不可欠である。よく使われている「持続可能な開発目標」だけでは分かりにくく、例えば「地球上の全ての人が幸せになるように誰もが協力して実現していく目標」などと丁寧に説明したい。また、必要に応じて、Sustainable Development Goals という元になった正式の言葉を紹介することも効果がある。

【関係資料】
「「病院の言葉」を分かりやすくする提案」（平成21年 国立国語研究所）

Ⅱ－３　外来語への対応

外来語は、語の性質や使う場面に応じて対応を判断する

外来語をそのまま使うか、言い換えたり説明を付けたりといった対応を行うかは、個々の外来語の性質、文書の目的や読み手を考慮して、書き手が判断するものである。その際、次に示す外来語への対応に関する四つの考え方(「そのまま使う」「言い換える」「説明を付けて使う」「使い方を工夫する」)が参考となる。分野によって扱いが異なる場合があること、時間の経過によって定着の度合いが変化することを踏まえ、定期的に部署内で業務に関わる外来語にどのように対応するかを整理し、共有するとよい。

ア　そのまま使う

外来語を取り込むのは日本語の特徴の一つである。なくてはならない言葉として、日本語に十分定着しているものも多い。こうしたものは、ほかの言葉に言い換えるよりもそのまま用いる方が良い。「ストレス」「ボランティア」「リサイクル」などがこれに当たる。

イ　言い換える

企業や官公庁など仕事の現場では、外来語が盛んに使われており、一般向けに作成する公用文でも、それらを使ってしまいがちである。しかし、多くの人にとってなじみがなく読み手にとっても分かりにくい外来語には対応が必要である。漢語や和語に置き換えた方が分かりやすいと判断される場合には、言い換えるとよい。

例）アジェンダ→議題　　インキュベーション→起業支援
　　インタラクティブ→双方向的　　サプライヤー→仕入れ先、供給業者

ウ　説明を付けて使う

一般になじみのない外来語の中には、重要な意味を持つ専門用語として使われていて、分かりやすく言い換えることが困難なものもある。そうした語は、そのまま使った上で、その意味を分かりやすい言葉で明確に説明することが望まれる。例えば「インクルージョン」は、外国人や障害者、性的少数者などを受け入れ、共に関わりながら生きることができる社会にしていこうという運動や意識改革を指す言葉である。この言葉は、「包摂」「受容」などと言い換えられることがあるが、これらの言い換え語では、上記のような意味を十分に伝えることができない。そこで、外来語を使った上で、括弧内に説明を補うか、分かりやすく説明するような表現を言い添えるとよい。脚注などで対応することもできる。

例）　インクルージョン（多様性を受容し互いに作用し合う共生社会を目指す考え方）は…
　　　多様な人々を受け入れ、共に関わって生きる社会を目指す「インクルージョン」は…

エ　使い方を工夫する

外来語の中には、日本語として定着する途上のものがあり、そうした言葉は、簡単に言い換えることができる意味で使われることもあれば、簡単な言い換えでは表せない意味で使われていることもある。例えば「リスク」という語は、広く使われるようになりつつあるがその定着は必ずしも十分でない。「リスクを減らす」という言い方は「危険性を減らす」と言い換えることができるが、「リスクを取る」の場合の「リスク」は「危険性」や「危険」では言い換えられない。後者の意味で使われる「リスク」を言い換える場合は、この語を含む句全体を対象とし「あえて困難な道を行く」「覚悟を決めて進む」「賭ける」など、文脈に応じて表現を工夫することが考えられる。

【関係資料】
「「外来語」言い換え提案」（平成18年 国立国語研究所）

Ⅱ－４　専門用語や外来語の説明の仕方

ア　段階を踏んで説明する

専門用語は、その定義や意味を丁寧に説明することが不可欠である。しかしながら、ただ詳細に説明すれば分かりやすくなるのではなく、段階を踏んで説明する工夫が望まれる。例えば、ダイオキシン問題に関連して「耐容１日摂取量」という用語が使われることがあるが、日常的には使われない「耐容」が含まれていて分かりにくい。まず、大まかに「体内に取り込んでも害のない１日当たりの摂取量」と説明し、その上で少し詳しく、「生涯にわたって摂取し続けても身体に害のない、１日当たりの摂取量。含まれていることがあらかじめ分かっていない物質について言う。」と補足すると、読み手の理解も進みやすい。さらに、必要に応じて「含まれていることがあらかじめ分かっている物質については、「許容１日摂取量」という」のように、関連語との違いについても説明すると、読み手の理解は深まっていく。

イ　意味がよく知られていない語は、内容を明確にする

専門用語の中には、言葉自体はよく知られていても、意味が知られていないものがある。例えば「グループホーム」は、国立国語研究所の調査によれば、言葉の認知率は70%を超えているが、正しい意味を知っている人は 50%に満たない。グループホームを既に利用している人を対象にする場合でなければ、この言葉を使う場合は、「認知症患者が専門スタッフの援助を受けて共同生活する家」であることを、明確に説明することが望まれる。必要であれば、類似の「ケアハウス」（認知症でない人の老人ホーム）や、「ケアホーム」（障害者用の施設）との違いを説明することも、明確に伝える効果がある。

ウ　日常では別の意味で使われる語は、混同を避けるようにする

専門用語として使われる言葉の中には、それと同じ言葉が日常語でも使われていることにより、専門用語の意味が、日常語の意味に誤解されることがある。例えば医療分野で使われる「ショック」は、「血圧が下がり、命の危険がある状態」のことであるが、これを、日常語の「急な刺激を受けること」の意味で誤解してしまうといった場合である。このような誤解の危険性のある言葉の場合は、その混同を避けるために、必ず専門用語としての意味を添えるようにする。

例）善意：（法律）ある事実について知らないこと　／（日常）親切心、優しさ
悪意：（法律）ある事実について知っていること　／（日常）人を傷付けようという意図
社員：（法律）株主などを含む社団法人等の構成員　／（日常）会社等に雇われている人
清潔：（医学）滅菌された状態のこと　／（日常）汚れがなくきれいなこと
貧血：（医学）血液内の赤血球が不足していること　／（日常）立ちくらみなどが起こること
出場：（行政）消防車などが現場に行くこと。出動　／（日常）大会などに出ること
雰囲気：（化学）ある特定の気体やそれで満ちた状態　／（日常）その場面にある気分や空気

【関係資料】
「「外来語」言い換え提案」（平成18年 国立国語研究所）
「「病院の言葉」を分かりやすくする提案」（平成21年 国立国語研究所）

Ⅱ－５　紛らわしい言葉の扱い

ア　誤解や混同を避ける

（ア）同音の言葉による混同を避ける

同音の言葉（同音異義語。干渉／勧奨、信条／身上、服する／復する／伏する　等）については、誤りなく仮名漢字変換する。また、これらは正確に書かれていたとしても、文脈によっては、耳で聞いた場合に区別が付かない場合がある。口頭で伝えたり、音声サービスに用いたりする場面も想定し、意味の分かる言葉で言い換えるなどの工夫に努める。

さらに、音が同じであるだけでなく、字形も似ている漢字（偏在／遍在、補足／捕捉、排外／拝外　等）は、文章を目で追う際にも、取り違えやすい。漢字の１字ずつの意味を思い起こし、頭の中で確認しながら読み進むことになり、負担を強いることになる。同音の語の存在を常に意識し、それと混同されないように言葉を選ぶようにする。

（イ）異字同訓の漢字を使い分ける

常用漢字表の漢字のうち、異なる漢字でありながら同じ訓を持つもの（答える／応える、作る／造る／創る　等）の使い分けに迷うときは、「「異字同訓」の漢字の使い分け例」（平成 26 年 文化審議会国語分科会報告）を参考にして、書き分けるとよい。

ただし、同訓の漢字については、明確に使い分けを示すことが難しい場合があり、年代差や個人差、各分野における表記習慣の違いなどもある。また、必要に応じて仮名で表記してよい。

例）テントを張る　　切手を貼る　　リンクを張る／貼る　　壁にタイルを貼る／張る
　　組織を作る　　道路を造る　　新たな文化を創る　　人をつくる　　街づくり

イ　曖昧さを避ける

（ア）「から」と「より」を使い分ける

時や場所の起点を示すには「から」を用いて、「より」は用いない。「より」は、比較を示す意味もあるため、紛らわしい。「有識者会議より評価を得た」は、「有識者会議（の決定）に比べて評価が高かった」とも読める。起点は「から」、比較は「より」で使い分ける。

例）東京から京都まで　　午後１時から始める　　恐怖から解放する　　長官から説明がある
　　東京より京都の方が寒い　　会議の開始時間は午前 10 時より午後１時が望ましい

（イ）程度や時期、期間を表す言葉に注意する

「幾つか」「多少」「多め」「少なめ」などの程度を表す言葉や「早めに」「急いで」「しばしば」「しばらく」などの時期に関わる言葉は、意味が曖昧になりがちである。数や量に関わるものは、できる限り具体的な数字を示す。また、時期についても、明確な日付や時間を示せば、誤解が起こらない。「…から…まで」のように期間や区間を表す際にも、起点と終点を示すようにする。

例）幾つか指摘する → ３点指摘する　　少人数でよい → ３人以上でよい
　　早めに → １週間以内（5 月 14 日正午まで）に
　　本日から春休みまで → 本日から春休み開始まで／本日から春休みが終了するまで

ただし、一定の期間を見通すことができないような場合もある。その際には「当分の間」「当面」などを用いる。

（ウ）「等」「など」の類は慎重に使う

公用文においては、文中に示したものだけに限定されないことを表すために、「等」「など」「ほか」「その他」といった語を用いる場合がある。ただし、読み手にとっては、その意味するところや内容が伝わりにくいことや、批判をかわすためと見える場合もある。

伝える必要がある事柄は、全て示すか、本当に必要なものだけを取り上げ、できるだけこれらの語を使わずに書くようにするとよい。それでも、正確さを確保する観点からこれらの語を用いるときには、具体的に挙げるべき内容を想定しておきたい。また、「等」「など」の前には、代表的・典型的なものを挙げる。

なお、例のように、言葉を包括的に言い換えるという方法もある。

例）遺跡の保存・活用等の実施 → 遺跡の保存・活用に関わる取組の実施

ウ　冗長さを避ける

（ア）表現の重複に留意する

意味が重複する表現（「重言（じゅうげん）」「重ね言葉」などとも。）は、むやみに用いないようにする。

例）諸先生方 → 諸先生、先生方　　各都道府県ごとに → 各都道府県で、都道府県ごとに
第１日目 → 第１日、１日目　　約20名くらい → 約20名、20名くらい
違和感を感じる → 違和感を覚える、違和感がある

ただし、慣用になっていたり強調などのために用いたりする場合もあるため、一概に誤りとも言えないものがある。

例）従来から → 従来　　まず最初に → 最初に　　返事を返す → 返事をする
排気ガス → 排ガス　　被害を被る → 被害を受ける

（イ）回りくどい言い方や不要な繰り返しはしない

慎重になったり、念を入れたりしようとすると回りくどい言葉遣いになりがちである。必要のない言葉は削り、すっきりとした表現にする。強調したい言葉であってもむやみに繰り返さない。

例）利用することができる → 利用できる　　調査を実施した → 調査した
問題があるということになる → 問題がある

また、物事を並べて書くような場合には、意味を明確にする必要があるときを除いて、省略できる部分を削る。

例）教育費の増加と医療費の増加により → 教育費と医療費の増加により
話し言葉によるコミュニケーション及び書き言葉によるコミュニケーション
→ 話し言葉と書き言葉それぞれによるコミュニケーション

【関係資料】
「「異字同訓」の漢字の使い分け例」（平成26年 文化審議会国語分科会報告）

Ⅱ－６　文書の目的、媒体に応じた言葉の使い方

ア　誰に向けた文書であるかに留意して用語を選択する

文書には必ず目的があり、目的が違えば期待される書き方も異なる。法令に準ずるような文書や府省庁間でやり取りする文書と、広く一般向けに書かれる文書とでは、読み手が違うということをまず意識しておく。例えば、府省庁内でよく用いられる「喫緊の課題」「可及的速やかに」などといった用語は、広く一般の人々に向けた解説・広報等では「すぐに対応すべき重要な課題」「できる限り早く」などと言い換える。

イ　日本語を母語としない人々に対しては、平易で親しみやすい日本語を用いる

日本に住む外国人は、年々増加しており、その国籍も多様化している。日本語を母語としない人たちが日本で安全に安心して生活するためには、国や地方公共団体からの広報等を正しく理解することが必要である。多言語化の取組が進む一方で、聞き取りやすく読みやすい日本語（やさしい日本語）を使った情報の発信を希望する外国人が７割を超えているという調査結果もある。日本語を母語としない人々に対する情報発信においては、やさしい日本語を用いるようにする。また、日本人に向けた文書であっても、地方公共団体や民間の組織を通じて、外国人向けに平易で親しみやすい日本語に書き直されることがあることを意識し、あらかじめ簡潔に理解しやすく作成するよう心掛ける。

ウ　敬語など相手や場面に応じた気遣いの表現を適切に使う

広く一般の人に向けた解説・広報等の場合、適切な敬語などの待遇表現（相手や場面に応じた気遣いの表現）も必要になってくる。程度の高い敬語を使えばよいというものではない。文書の公的な性格は変わらないので、分かりやすく正確に情報を伝えるという観点から、過剰な表現は避ける。「御利用たまわる際には」などとはせず「利用される際には」とするなど、助動詞「（ら）れる」を用いる程度の言い方を標準としたい。

丁寧さを出したいときにも、文末は「です・ます」を基調とし、「ございます」は用いない。「申します」「参ります」も読み手に配慮する特別な場合を除いては使わない。また、「おります」「いたします」などは必要に応じて使うが多用しない。情報を簡潔に伝えるときは、「である・だ」も使用する。

エ　使用する媒体に応じた表現を用いる

かつては想定されなかったＳＮＳなどの媒体を通した情報発信は、国の府省庁においても行われている。そのうちには、符号や絵文字・顔文字等を積極的に用いたものも見られる。各府省庁によるＳＮＳ公式アカウントの書き込みには、イベントを告知するために「～が登場！」「プレゼントも(^^♪」といった親しみやすい表現が用いられている例もある。読み手の関心を踏まえ、それぞれの媒体に合った書き方を工夫するよう努める。

ただし、広い意味での公用文であることを意識して一定の品位を保つとともに、文法の枠組みから過度に外れたり、誤りとされる慣用表現・語句を用いたりしないよう留意したい。

【関係資料】
「分かり合うための言語コミュニケーション」（平成30年 文化審議会国語分科会報告）
「在留支援のためのやさしい日本語ガイドライン」（令和２年　出入国在留管理庁・文化庁）

Ⅱ－７　違和感や不快感を与えない言葉の使い方

ア　偏見や差別につながる表現を避ける

基本的人権に配慮するため、性別、職業、地位、信条、宗教、地域、人種、民族、心身の状態、身体的な特徴などに関して、誤解を与えるような表現を慎むのは当然のことである。ただし、気付かないうちに、型にはまった考え方を表す言葉を用いてしまうことがある。例えば「女医」「女流」「女史」といった言葉には、男性側に対応する語がない。情報を伝える上で性別を示すことが必要であるかどうか、慎重に判断する。それらに加えて、性に対する意識が多様化している状況を踏まえた配慮も必要となる。また、様々な努力をしてきたことを評価する意味で、「～までして、地域に貢献した。」などと言うが、「～」の部分に特定の仕事や業種が入ると、現在、それに携わっている人の気分を害することにつながりかねない。ほかにも、物事の中心地やそれが多く発生する場所を「～のメッカ」と表すことがある。メッカは宗教上の聖地であり、「交通事故のメッカ」などと用いるのはたとえとして適切ではない。

イ　特定の用語を避けるだけでなく読み手がどう感じるかを考える

違和感や不快感を与えない文書を作成するためには、特定の用語や言い回しをリストアップして、そこにある言葉だけを避けていればよいというものではない。言葉や表現自体には問題がなくても、使用する場面や状況によって、また組合せ方によって、読み手（あるいは、当事者）に対して不快な思いをさせたり、違和感を抱かせたりする場合がある。自分がそのような言葉で表されたら、どう感じるかということを想像し、文書作成に当たりたい。例えば「～くらいであれば」「～にも可能である」といった言い回しは、それが容易であることを強調するものだが、「～」の部分に、特定の動作、人物、組織を当てると、その行為や能力を軽んじる意味合いを読み取られかねない。

ウ　過度に規制を加えたり禁止したりすることは慎む

一方で、その言葉・表現が偏見や差別につながると即断することには慎重であるようにする。字面の印象にとらわれたり、意味が誤解されるかもしれないと過剰に気にしたりして、やみくもに言葉の使用を規制・禁止することは、かえって問題の実態を見にくくしてしまうことにもつながる。ひいては表現の幅を狭め、日本語の豊かさを損なってしまうことにもなりかねない。取りあえず使わないでおけばよいと済ますのではなく、実態を的確に捉えるよう努め、読み手・当事者の気持ちに寄り添ったふさわしい言葉・表現を考えたい。

エ　共通語を用いて書くが、方言も尊重する

公用文は、原則として共通語を用いて書く。一方、方言の持つ価値にも、改めて注目が集まっている。「国語に関する世論調査」によれば、「方言と共通語については、相手や場面によって使い分ければよい。」と考える人が多数を占めている。府省庁の広報やＳＮＳにおいても、方言を尊重し、何らかの効果を狙って活用できる。

例えば大きな災害の後には、「けっぱれ」「がんばっぺ」「かせするもん」など、被災地の方言を用いた応援メッセージが自然発生的に広がり、国の機関でも用いられている。

【関係資料】
「分かり合うための言語コミュニケーション」（平成30年 文化審議会国語分科会報告）

Ⅱ－８ その他の表現の工夫

ア 聞き取りにくく難しい漢語を言い換える

漢語（音読みの言葉）は、耳で聞いたときに分かりにくいものが多い。「橋梁」「塵埃」「眼瞼」など、常用漢字表にない漢字を含む熟語は、「橋」「ほこり」「まぶた」と、和語（訓読みの言葉）に言い換えることで、より円滑に理解できる。常用漢字が使える言葉にすれば、表記も分かりやすくなる。

イ 「漢字１字＋する」型の動詞を多用しない

「模する」「擬する」「賭する」「滅する」といった漢字１字の漢語による動詞のうちには、文語に基づくものが多く、聞き取りにくく堅苦しい語感を持つものがある。法令によく用いられる表現であっても、解説・広報等でむやみに多用することは避ける。例えば「似せる」「なぞらえる」「賭ける」「滅ぼす」など、和語の動詞に言い換えると分かりやすくなることがある。

ウ 重厚さや正確さを高めるには、述部に漢語を用いる

文書の重厚感を増し、改まった雰囲気にするには、訓読みの動詞（和語の動詞）を漢語にすると、効果が得られることがある。

例）決める → 決定（する）　　消える → 消失（する）

同様に、語の意味をより正確に表現したいときに、漢語を用いることが有効である場合がある。特にスペースの限られた見出しなどでは、漢語を活用することで、意味を端的に伝えることができる。

例）性質が変わる → 性質が変化する　　プログラムが変わる → プログラムが変更される
　　街並みが変わる → 街並みが変容する

ただし、分かりやすさ、親しみやすさを妨げるおそれがあることに留意する。

エ 分かりやすさや親しみやすさを高めるには、述部に訓読みの動詞を用いる

事務的、専門的な文書では、漢語を用いた方が正確で改まったものになるとしても、広報などでは、堅苦しい上に、読み手にとって意味がすぐには浮かばない場合もある。分かりやすく、親しみやすい文書にするには、述部に訓読みの動詞（和語の動詞）を活用するとよい。

例）作業が進捗する → 作業がはかどる、作業が順調に進む、作業が予定どおりに運ぶ

ただし、訓読みの動詞は意味の範囲が広いため、厳密に意味を特定しなければならないときには不向きなこともあることに留意する。

オ 紋切り型（型どおり）の表現や構成は、効果が期待されるときにのみ用いる

挨拶などの決まりきった言い回しが長くなると、文書の本質がぼやけることがある。また、公用文の構成においては、冒頭で根拠となる法令を引用する型がよく用いられる。そのような紋切り型の表現や構成は読み手にとって本当に必要なものであるかを考えて使うようにする。また、国からの通知文書が地方公共団体における紋切り型の表現や構成の元になってしまう場合がある。各府省の作成した文書が、都道府県や市町村の文書に与える影響についても念頭に置きたい。

ただし、公用文においては、紋切り型が読み手を安心させる効果を生む場合もある。決まった型に従った方がより的確に伝えることができるようなときには、問題なく用いてよい。

Ⅲ　伝わる公用文のために

Ⅲ－１　文体の選択

ア　文書の目的や相手に合わせ、常体と敬体を適切に選択する

法令、告示、訓令などの文書は常体（である体）を用いる。一方、通知、依頼、照会、回答など、特定の相手を対象とした文書では敬体（です・ます体）を用いることを目安とする。ただし、部内においては常体で書いてもよい。なお、文末を「です・ます」にするのは柔らかい表現によって読み手に対して丁寧さと親しさを示すためであり、それによって直ちに内容が理解しやすくなり読み手との距離が近づくという単純な話ではない。

イ　一つの文書内では、常体と敬体のどちらかで統一する

一つの文書内では、文末表現に敬体と常体とを混合して用いない。どちらか一方のみで統一する。ただし、引用や従属節、箇条書にする部分に異なる文末表現が現れるのは問題ない。

ウ　常体では「である・であろう・であった」の形を用いる

常体には「である・であろう・であった」と「だ・だろう・だった」の形がある。このうち、公用文では「である・であろう・であった」を用いる。「である・であろう・であった」は書き言葉専用の文体であり、論理的に結論を導き出すような文章にふさわしい。なお「だ・だろう・だった」は敬意を示す必要のない相手に対して、日常会話でも用いられるため、解説・広報等の広く一般に示す文書等においては、親しみやすさを示すために活用する場合もある。

エ　文語の名残に当たる言い方は、分かりやすい口語体に言い換える

公用文には、一定の格式が求められるが、そのために文語調を用いることは避ける。「～のごとく」「進まんとする」「動かすべからざる原則」「大いなる進歩」などは、それぞれ「～のように」「進もうとする」「変えられない原則」「大きな進歩」と口語で表現する。特に解説・広報等の文書では親しみやすいものとなるよう書く。「～しつつも」「～とみなし」などは、それぞれ「～しながらも」「～とみて」のように、日常的な口語を用いて書き表せる場合が多い。

オ　「べき」は、「～するべき…」ではなく「～すべき…」の形で使う

「べき」は、「用いるべき手段」「考えるべき問題」「論じるべきではない」「注目すべき現象」のような場合には用いるが「べく」（～すべく努める）「べし」（～に努めるべし）の形は用いない。「べき」がサ行変格活用の動詞（「する」「～する」）に続くときは、「～するべき…」としないで「～すべき…」とするのが原則である。また、見出しや箇条書の文末を「～すべき」で終える形が見られることがあるが、「べき」は連体形であり、本来は後に「である」「もの」などを付ける。

（付）広報等で文語調を用いる場合

広報等において何らかの効果を狙って文語調を用いる必要がある場合には、文法どおりに正しく使用する。文語の四段活用以外の動詞では終止形と連体形が異なるが、口語では同じである。そのため、例えば、文語では「～を憂うる前に」、口語では「～憂える前に」と連体形を用いるべきところを、「～を憂う前に」のように終止形にしてしまうといった誤りが生じやすい。

Ⅲ－２　標題、見出しの付け方

ア　標題（タイトル）では、主題と文書の性格を示す

何について書かれた文書であるのかが一目で分かるように、標題（タイトル）には、主題となる案件を示す言葉を入れる。鍵となる言葉は、できるだけ具体的なものとし、取り上げる事柄を特定できるようにする。また、その主題についてどのようなメッセージを送るのか、報告、提案、回答、確認、開催、許可などの言葉を使って文書の性格を示す。「…の進捗状況に関する報告」などとするか、「…の進捗状況について（報告）」のように括弧を用いることもできる。標題の文字数は、読み手の負担にならないよう、１行に収めるのが適当である。特に解説・広報等では「…について」とせずに、より具体的な表現を用いるとよい。

例）新国立体育館について → 新国立体育館建設工事の進捗状況に関する報告
予算の執行について → 令和２年度文化庁予算の執行状況（報告）
文化審議会について → 第 93 回文化審議会（令和 2 年 11 月 22 日）を開催します

イ　分量の多い文書では、見出しを活用し、論点を端的に示す

本文内の見出しは、短い文書であれば必ずしも必要ではない。しかし、複数の論点があるとき、文書の分量が多いときには、内容のまとまりごとに、論点を簡潔に示す見出しを付けるとよい。見出しでは、回りくどい言い方や飾りの多い言葉遣いは避け、内容の中心となるところを端的に言い表すものとする。

ウ　中見出しや小見出しを適切に活用する

見出しを階層化することで全体の構造をつかむことができ、文書全体が読みやすくなる。この解説で言えば「Ⅲ 伝わる公用文のために」が大見出し、「Ⅲ－２ 標題、見出しの付け方」が中見出し、そして、この段落に示された「中見出しや小見出しを活用する」が小見出しに当たる。

エ　見出しを追えば全体の内容がつかめるようにする

読み手は、標題から文書の主題と性格を理解した上で読み進める。見出しだけを読んでいけば、文書の内容と流れがおおよそつかめるようにするとよい。適切な見出しは、そのまま文書の骨組みになり、おのずから標題と関連し対応するものとなる。どのような順で情報を得るのが読み手にとって都合よいのかを意識しながら文書を構成する。

オ　標題と見出しを呼応させる

標題が示す主題に応じた見出しとする。例えば標題に「報告」とあれば「報告の概要」といった見出しを立てるなど、読み手が短時間に必要な情報を得られるように工夫する。

カ　見出しを目立たせるよう工夫する

見出しの文字サイズは本文よりも少し大きめに設定するか、本文のフォントと異なるフォントを使う方法がある。この解説では、本文の文字サイズは 10.5 ポイントの明朝体、見出しは 12 ポイントのゴシック体を用いている。

Ⅲ－３　文の書き方

ア　一文を短くする

一文が長くなると、その構造は複雑になりやすい。前の語句と後の語句との係り受けや主語と述語の関係が乱れるなど、読みにくくなりがちである。単に長い短いが問題になるわけではないが、一文を短くすることによって、読み取りにくい文にすることを防ぐことができる。長い文は、句点や接続詞を使い、また長い修飾語・修飾節を別文に移すなどして複数の文に区切る。適当な長さは一概に決められないが、50～60 字ほどになってきたら読みにくくなっていないか意識するとよい。ＳＮＳを利用した広報などでは、より短くすべきであるとの指摘もある。

イ　一文の論点は、一つにする

一つの文で扱う論点は、できるだけ一つとする。論点が変わるときには、文を区切った方が読み取りやすい。また、一文の中に主語述語の関係を幾つも作らないようにする。

例）在留外国人数は、約 200 万人を超えており、中長期的に在留する外国人が増えている。

→在留外国人数は、約 200 万人を超えている。このうち、中長期的に在留する人が増えている。

ウ　三つ以上の情報を並べるときには、箇条書を利用する

一文の中で、並立する情報を三つ以上列挙するときには、箇条書を利用するなどして分かりやすく示す。

例）国語に関する内閣告示には、常用漢字表、外来語の表記、現代仮名遣い、送り仮名の付け方、ローマ字のつづり方の五つがある。

→ 国語に関する内閣告示には、次の五つがある。

・常用漢字表
・外来語の表記
・現代仮名遣い
・送り仮名の付け方
・ローマ字のつづり方

エ　基本的な語順を踏まえて書く

日本語では、「いつ」「どこで」「誰が」「何を」「どうした」という順で書かれることが多い。この語順を守っておけば、おおむね読み取りやすい文になる。ただし、文を理解する上での条件となるような内容や強調したい要素を文の最初に置く方が効果的な場合もある。

オ　主語と述語の関係が分かるようにする

主語（「何が（は）」）と述語（「どうする」「どんなだ」「何だ」）との呼応が読み取れるようにする。日本語の文では、主語が省略されることがあるが、それによって誤解が生じることもある。省略されているかどうかにかかわらず、主語と述語の関係が明らかに分かるようにする。また、主語は、文の途中でできるだけ変えない。

カ　接続助詞や中止法を多用しない

接続助詞の「が」や中止法（述語の用言を連用形にして、文を切らずに続ける方法）を多用する書き方は避ける。そうすることで結果的に文は短くなり、長い文になったとしても分かりやすい。

例）委員会では、新方針が提示されたが、これに対しては、時期尚早との意見が多く、差し戻すべきであるとの方向で検討が進み、そのまま決定するかと思われたが、反論も出され…

→　委員会では、新方針が提示された。これに対しては、時期尚早との意見が多く、差し戻すべきであるとの方向で検討が進んだ。そのまま決定するかと思われたが、反論も出され…

キ　同じ助詞を連続して使わない

「の」「に」「も」「て」などの助詞を連続して使うと、文が長くなるだけでなく稚拙な印象を与えてしまうおそれがある。

例）本年の当課の取組の中心は… → 本年、当課が中心的に取り組んでいるのは…

ク　修飾節は長いものから示すか、できれば文を分ける

複数の修飾節が述部に掛かるときには、長いものから示した方が理解しやすい。

例）我が国は、文化遺産国際協力に関する覚書を、文化財の保存修復や国際協力の分野で永年の経験を有するイタリアと締結している。→ 我が国は、文化財の保存修復や国際協力の分野で永年の経験を有するイタリアと、文化遺産国際協力に関する覚書を締結している。

ただし、長い修飾節を含む文は、文を分けることで、より読みやすくなることが多い。

例） 我が国は、文化遺産国際協力に関する覚書をイタリアと締結している。イタリアは、文化財の保存修復や国際協力の分野で永年の経験を有している。

ケ　受身形をむやみに使わない

「言われる」「述べられる」のように、動詞に「れる」「られる」を付けた受身形の表現は、文の構造を難しくしたり責任の所在を曖昧にしたりする場合がある。

一方で、行為の主体を示す必要がない場合や、行為の対象や目的を目立たせるのに、受身形の使用が効果的な場合もある。「〇〇とされている」と書くと、主張や意見を客観的に見せることができる。また「〇〇が公表された」と書くと、公表した主体よりも公表されたものを目立たせることができる。

なお、「れる」「られる」には「～できる」「(自然と) ～になる」といった意味や尊敬を表す用法もある。

コ　二重否定はどうしても必要なとき以外には使わない

二重否定やそれに類する表現を用いると、否定しているのか肯定しているのか分かりにくくなることがある。強調したいことを効果的に伝えようとするような場合を除き、なるべく避ける。

例）…しないわけではない → …することもある
　　〇〇を除いて、実現していない → 〇〇のみ、実現した

サ　係る語とそれを受ける語、指示語と指示される語は近くに置く

主語と述語、修飾語・修飾節と被修飾語、目的語と述語など、係り受けの関係がある語は、近くに置くと関係が分かりやすい。同様に、指示語を用いるときにも、指示される内容の近くに置く。

シ　言葉の係り方によって複数の意味に取れることがないようにする

取り違えや誤解を防ぐためにも、言葉の係り方によって複数の意味にとれる表現を避ける。

例）所得が基準内の同居親族のいる高齢者（「同居親族」と「高齢者」のどちらが「基準内」であるのか判然としない。）→ 同居親族（所得が基準内）のいる高齢者、所得が基準内の高齢者で同居親族のいる者

ス　読点の付け方によって意味が変わる場合があることに注意する

読点をどこに打つかによって、文の意味が変わることがある。意図する意味で読み手に伝わるよう読点を打つ位置に留意するとともに、必要な場合には文を書き換える。例えば「当課は時間を掛けて課題解決に取り組む団体を支援する。」という文は、「当課は時間を掛けて、課題解決に取り組む団体を支援する。」と「当課は、時間を掛けて課題解決に取り組む団体を支援する。」とで意味が異なる。「当課は、課題解決に取り組む団体に、時間を掛けて支援を行う。」などと、書き直すこともできる。

Ⅲ－4　文書の構成

ア　文書の性格に応じて構成を工夫する

公用文の構成には、いつでも使えるような型があるわけではない。文書を書き始める前に、何を、どのような目的で、どのような根拠（法令、通知、調査・統計データ等）に基づいて、誰に向けて発信しようとしているのか、整理しておく。これらを踏まえて、その都度構成の仕方を工夫する。ただし、定期的に作成する文書など、同じ構成を用いた方が読み手に安心感を与えるものもある。

イ　結論は早めに示し、続けて理由や詳細を説明する

文書の結論は、できれば最初の段落で示しておく。最後まで読まないと何を言おうとしているか分からないような書き方は避ける。最初に主旨を理解してもらった上で、次の段落から、その目的や理由、根拠など、案件の詳細を説明していく。重要な点を優先して伝えるようにし、具体例、細目等は、後に示すか、分量が多くなるようであれば別途添えるなどの工夫をする。

ウ　通知等は、既存の形式によることを基本とする

通知等の作成は、基本的に各府省庁で使用する既存の文書形式に基づくとよい。多くは、前文・主文・末文の３段で構成される。中心となるのは主文であり、この中で、文書の目的と主旨、相手に求める事柄とその方法を示す。主文だけで十分に必要を満たせるのであれば、前文や末文は不要である。一方、目的や主旨の背景やこれまでの経緯等を示す必要がある場合には、前文を置き、また、具体的な事務手続や処理方法等について言及する必要がある場合には、末文を置く。

エ　解説・広報等では、読み手の視点で構成を考える

書き方の決まっていない文書では、読み手が情報を円滑に受け取れるように提示していく。自分が伝えたいことを優先するのではなく、読み手の立場になって、求められる情報を見極め、整理した上で文書作成に入りたい。特に読み手の利益や不利益につながるような文書では、読み手が進めるべき手順に沿って書く。その際、「上記に該当しない場合、手続は不要です」などと、する必要のないことも明示することによって、読み手の不安を軽減できる。既存の形式に則して書かれた文書について解説するときなども、元の構成にこだわらず、より伝わりやすくなるよう考えてよい。

読み手に対して複数の選択肢を示し、いずれか一つを選んでもらった上で読み進めてもらうような場合には、それぞれの選択肢の内容に重なりがないようにし、迷わせることのないよう配慮する。

オ　分量の限度を決めておく

文書は、何文字・何ページ分にするのかを決めてから書き始める。書き連ねたものは、よく見直し、必要性の低い情報は分量を調整する段階で削る。特に複数の主体が書いたものを合体する場合には、あらかじめ分担と分量を明確にしておき、それぞれの限度を守るように打ち合わせておく。

カ　「下記」「別記」等を適切に活用する

通知や依頼などの文書で、本文と下記部分とに分けて書く場合（「記書き」とも。）には、本文中に下記部分を指す「下記」等を用い、本文と下記との間の中央に「記」と記述する。同様に、本文とは別に別記部分を設ける場合には「別紙」「別記」等を用いる。

本文中で後述の内容を指示するような場合には「次の」又は「以下の」を用いる。

関係資料一覧

公用文・法令に関する資料

「公用文における漢字使用等について」(平成22年 内閣訓令第1号)

「法令における漢字使用等について」(平成22年 内閣法制局長官決定)

「公用文等における日本人の姓名のローマ字表記について」（令和元年 関係府省庁申合せ）

漢字使用、送り仮名の付け方に関する資料

「常用漢字表」(平成22年 内閣告示第2号)

「「異字同訓」の漢字の使い分け例」(平成26年 文化審議会国語分科会報告)

「表外漢字字体表」(平成12年　国語審議会答申)

「常用漢字表の字体・字形に関する指針」(平成28年 文化審議会国語分科会報告)

「同音の漢字による書きかえ」(昭和31年 国語審議会報告)

「送り仮名の付け方」(昭和48年 内閣告示第2号)

外来語に関する資料

「外来語の表記」（平成３年 内閣告示第２号）

「「外来語」言い換え提案」（平成18年 国立国語研究所）

言語コミュニケーションに関する資料

「分かり合うための言語コミュニケーション」（平成30年 文化審議会国語分科会報告）

「「病院の言葉」を分かりやすくする提案」（平成21年 国立国語研究所）

その他

「くぎり符号の使い方〔句読法〕（案）」（昭和21年 文部省教科書局調査課国語調査室）

「国際社会に対応する日本語の在り方」（平成12年 国語審議会答申）

「在留支援のためのやさしい日本語ガイドライン」（令和２年　出入国在留管理庁・文化庁）

○公用文における漢字使用等について

（平成22年11月30日
内閣訓令第１号）

各行政機関あて

公用文における漢字使用等について

政府は，本日，内閣告示第2号をもって，「常用漢字表」を告示した。

今後，各行政機関が作成する公用文における漢字使用等については，別紙によるものとする。

なお，昭和56年内閣訓令第1号は，廃止する。

平成22年11月30日

内閣総理大臣

（別　紙）

公用文における漢字使用等について

1　漢字使用について

(1)　公用文における漢字使用は，「常用漢字表」（平成22年内閣告示第2号）の本表及び付表（表の見方及び使い方を含む。）によるものとする。

なお，字体については通用字体を用いるものとする。

(2)　「常用漢字表」の本表に掲げる音訓によって語を書き表すに当たっては，次の事項に留意する。

ア　次のような代名詞は，原則として，漢字で書く。

例　俺　彼　誰　何　僕　私　我々

イ　次のような副詞及び連体詞は，原則として，漢字で書く。

例（副詞）

余り　至って　大いに　恐らく　概して　必ず　必ずしも
辛うじて　極めて　殊に　更に　実に　少なくとも　少し
既に　全て　切に　大して　絶えず　互いに　直ちに
例えば　次いで　努めて　常に　特に　突然　初めて
果たして　甚だ　再び　全く　無論　最も　専ら　僅か
割に

（連体詞）

明くる　大きな　来る　去る　小さな　我が（国）

ただし，次のような副詞は，原則として，仮名で書く。

例　かなり　ふと　やはり　よほど

ウ　次の接頭語は，その接頭語が付く語を漢字で書く場合は，原則として，漢字で書き，その接頭語が付く語を仮名で書く場合は，原則として，仮名で書く。

例　御案内（御＋案内）　御挨拶（御＋挨拶）
　　ごもっとも（ご＋もっとも）

エ　次のような接尾語は，原則として，仮名で書く。

例　げ（惜しげもなく）　ども（私ども）　ぶる（偉ぶる）
　　み（弱み）　め（少なめ）

オ　次のような接続詞は，原則として，仮名で書く。

例　おって　かつ　したがって　ただし　ついては　ところが
　　ところで　また　ゆえに

ただし，次の4語は，原則として，漢字で書く。

及び　並びに　又は　若しくは

カ　助動詞及び助詞は，仮名で書く。

例　ない（現地には，行かない。）
　　ようだ（それ以外に方法がないようだ。）
　　ぐらい（二十歳ぐらいの人）
　　だけ（調査しただけである。）
　　ほど（三日ほど経過した。）

キ　次のような語句を，（　）の中に示した例のように用いるときは，原則として，仮名で書く。

例　ある（その点に問題がある。）
　　いる（ここに関係者がいる。）
　　こと（許可しないことがある。）
　　できる（だれでも利用ができる。）
　　とおり（次のとおりである。）
　　とき（事故のときは連絡する。）
　　ところ（現在のところ差し支えない。）
　　とも（説明するとともに意見を聞く。）
　　ない（欠点がない。）
　　なる（合計すると1万円になる。）
　　ほか（そのほか…，特別の場合を除くほか…）
　　もの（正しいものと認める。）

ゆえ（一部の反対のゆえにはかどらない。）
わけ（賛成するわけにはいかない。）
・・・かもしれない（間違いかもしれない。）
・・・てあげる（図書を貸してあげる。）
・・・ていく（負担が増えていく。）
・・・ていただく（報告していただく。）
・・・ておく（通知しておく。）
・・・てください（問題点を話してください。）
・・・てくる（寒くなってくる。）
・・・てしまう（書いてしまう。）
・・・てみる（見てみる。）
・・・てよい（連絡してよい。）
・・・にすぎない（調査だけにすぎない。）
・・・について（これについて考慮する。）

2　送り仮名の付け方について

(1)　公用文における送り仮名の付け方は，原則として，「送り仮名の付け方」（昭和48年内閣告示第2号）の本文の通則1から通則6までの「本則」・「例外」，通則7及び「付表の語」（1のなお書きを除く。）によるものとする。

ただし，複合の語（「送り仮名の付け方」の本文の通則7を適用する語を除く。）のうち，活用のない語であって読み間違えるおそれのない語については，「送り仮名の付け方」の本文の通則6の「許容」を適用して送り仮名を省くものとする。なお，これに該当する語は，次のとおりとする。

明渡し　預り金　言渡し　入替え　植付け　魚釣用具
受入れ　受皿　受持ち　受渡し　渦巻　打合せ　打合せ会
打切り　内払　移替え　埋立て　売上げ　売惜しみ　売出し
売場　売払い　売渡し　売行き　縁組　追越し　置場　贈物
帯留　折詰　買上げ　買入れ　買受け　買換え　買占め
買取り　買戻し　買物　書換え　格付　掛金　貸切り　貸金
貸越し　貸倒れ　貸出し　貸付け　借入れ　借受け　借換え
刈取り　缶切　期限付　切上げ　切替え　切下げ　切捨て
切土　切取り　切離し　靴下留　組合せ　組入れ　組替え
組立て　くみ取便所　繰上げ　繰入れ　繰替え　繰越し
繰下げ　繰延べ　繰戻し　差押え　差止め　差引き　差戻し
砂糖漬　下請　締切り　条件付　仕分　据置き　据付け

捨場　座込み　栓抜　備置き　備付け　染物　田植　立会い
立入り　立替え　立札　月掛　付添い　月払　積卸し
積替え　積込み　積出し　積立て　積付け　釣合い　釣鐘
釣銭　釣針　手続　問合せ　届出　取上げ　取扱い　取卸し
取替え　取決め　取崩し　取消し　取壊し　取下げ　取締り
取調べ　取立て　取次ぎ　取付け　取戻し　投売り　抜取り
飲物　乗換え　乗組み　話合い　払込み　払下げ　払出し
払戻し　払渡し　払渡済み　貼付け　引上げ　引揚げ
引受け　引起し　引換え　引込み　引下げ　引締め　引継ぎ
引取り　引渡し　日雇　歩留り　船着場　不払　賦払
振出し　前払　巻付け　巻取り　見合せ　見積り　見習
未払　申合せ　申合せ事項　申入れ　申込み　申立て　申出
持家　持込み　持分　元請　戻入れ　催物　盛土　焼付け
雇入れ　雇主　譲受け　譲渡し　呼出し　読替え　割当て
割増し　割戻し

(2)　(1)にかかわらず，必要と認める場合は，「送り仮名の付け方」の本文の通則2，通則4及び通則6（(1)のただし書の適用がある場合を除く。）の「許容」並びに「付表の語」の1のなお書きを適用して差し支えない。

3　その他

(1)　1及び2は，固有名詞を対象とするものではない。

(2)　専門用語又は特殊用語を書き表す場合など，特別な漢字使用等を必要とする場合には，1及び2によらなくてもよい。

(3)　専門用語等で読みにくいと思われるような場合は，必要に応じて，振り仮名を用いる等，適切な配慮をするものとする。

4　法令における取扱い

法令における漢字使用等については，別途，内閣法制局からの通知による。

○法令における漢字使用等について

（平成22年11月30日
内閣法制局総総第208号）

各府省庁事務次官等あて

内閣法制次長

法令における漢字使用等について（通知）

平成22年11月30日付け内閣告示第2号をもって「常用漢字表」が告示され，同日付け内閣訓令第1号「公用文における漢字使用等について」が定められたことに伴い，当局において，法令における漢字使用等について検討した結果，別紙のとおり「法令における漢字使用等について」（平成22年11月30日付け内閣法制局長官決定）を定め，実施することとしましたので，通知します。

なお，昭和29年11月25日付け法制局総発第89号の「法令用語改善の実施要領」（同実施要領の別紙「法令用語改正要領」を含む。）及び昭和56年10月1日付け内閣法制局総発第141号の「法令における漢字使用等について」は，本日付けで廃止しますので，併せて通知します。

平成22年11月30日付け内閣告示第2号をもって「常用漢字表」が告示され，同日付け内閣訓令第1号「公用文における漢字使用等について」が定められたことに伴い，法令における漢字使用等について，次のように定める。

（別　紙）

平成22年11月30日

内閣法制局長官

法令における漢字使用等について

1　漢字使用について

(1)　法令における漢字使用は，次の(2)から(6)までにおいて特別の定めをするもののほか，「常用漢字表」（平成22年内閣告示第2号。以下「常用漢字表」という。）の本表及び付表（表の見方及び使い方を含む。）並びに「公用文における漢字使用等について」（平成22年内閣訓令第1号）の別紙の1「漢字使用について」の(2)によるものとする。また，字体については，通用字体を用いるものとする。

なお，常用漢字表により漢字で表記することとなったものとしては，次のようなものがある。

挨拶　宛先　椅子　咽喉　隠蔽　鍵　覚醒　崖
玩具　毀損　亀裂　禁錮　舷　拳銃　勾留　柵
失踪　焼酎　処方箋　腎臓　進捗　整頓　脊柱
遡及　堆積　貼付　賭博　剝奪　破綻　汎用
氾濫　膝　肘　払拭　閉塞　捕捉　補塡　哺乳類
蜜蜂　明瞭　湧出　拉致　賄賂　関わる　鑑みる
遡る　全て

(2)　次のものは，常用漢字表により，（　　）の中の表記ができることとなったが，引き続きそれぞれ下線を付けて示した表記を用いるものとする。

壊滅（潰滅）　壊乱（潰乱）　決壊（決潰）
広範（広汎）　全壊（全潰）　倒壊（倒潰）
破棄（破毀）　崩壊（崩潰）　理屈（理窟）

(3)　次のものは，常用漢字表により，下線を付けて示した表記ができることとなったので，（　　）の中の表記に代えて，それぞれ下線を付けて示した表記を用いるものとする。

臆説（憶説）　臆測（憶測）　肝腎（肝心）

(4)　次のものは，常用漢字表にあるものであっても，仮名で表記するものとする。

虞 恐れ	→	おそれ
且つ	→	かつ
従って（接続詞）	→	したがって
但し	→	ただし
但書	→	ただし書
外 他	→	ほか
又	→	また（ただし，「または」は「又は」と表記する。）
因る	→	よる

(5)　常用漢字表にない漢字で表記する言葉及び常用漢字表にない漢字を構成要素として表記する言葉並びに常用漢字表にない音訓を用いる言葉の使用については，次によるものとする。

ア　専門用語等であって，他に言い換える言葉がなく，しかも仮名で表記すると理解することが困難であると認められるようなものについては，その漢字をそのまま用いてこれに振り仮名を付ける。

【例】

暗渠（きょ）　按（あん）分　蛾（が）　瑕疵（かし）　管渠（きょ）　涵（かん）養　強姦（かん）

砒（ひ）素　埠（ふ）頭

イ　次のものは，仮名で表記する。

拘わらず	→	かかわらず
此	→	この
之	→	これ
其	→	その
煙草	→	たばこ
為	→	ため
以て	→	もって
等（ら）	→	ら
猥褻	→	わいせつ

ウ　仮名書きにする際，単語の一部だけを仮名に改める方法は，できるだけ避ける。

【例】

斡旋	→	あっせん（「あっ旋」は用いない。）
煉瓦	→	れんが（「れん瓦」は用いない。）

ただし，次の例のように一部に漢字を用いた方が分かりやすい場合は，この限りでない。

【例】

あへん煙　えん堤　救じゅつ　橋りょう　し尿

出えん　じん肺　ため池　ちんでん池　でん粉

てん末　と畜　ばい煙　排せつ　封かん　へき地

らく印　漏えい

エ　常用漢字表にない漢字又は音訓を仮名書きにする場合には，仮名の部分に傍点を付けることはしない。

(6)　次のものは，（　　）の中に示すように取り扱うものとする。

匕　首（用いない。「あいくち」を用いる。）

委　棄（用いない。）

慰藉料（用いない。「慰謝料」を用いる。）

溢　水（用いない。）

違　背（用いない。「違反」を用いる。）

印　顆（用いない。）

湮　滅（用いない。「隠滅」を用いる。）

苑　地（用いない。「園地」を用いる。）

汚　穢（用いない。）

解　止（用いない。）

戒　示（用いない。）

灰　燼（用いない。）

改　訂・改　定（「改訂」は書物などの内容に手を加えて正すことという意味についてのみ用いる。それ以外の場合は「改定」を用いる。）

開　披（用いない。）

牙　保（用いない。）

勧　解（用いない。）

監　守（用いない。）

管　守（用いない。「保管」を用いる。）

陥　穽（用いない。）

干　与・干　預（用いない。「関与」を用いる。）

義　捐（用いない。）

汽　鑵（用いない。「ボイラー」を用いる。）

技　監（特別な理由がある場合以外は用いない。）

規　正・規　整・規　制（「規正」はある事柄を規律して公正な姿に当てはめることという意味についてのみ，「規整」はある事柄を規律して一定の枠に納め整えることという意味についてのみ，それぞれ用いる。それ以外の場合は「規制」を用いる。）

羈　束（用いない。）

吃　水（用いない。「喫水」を用いる。）

規　程（法令の名称としては，原則として用いない。「規則」を用いる。）

欺　瞞（用いない。）

欺　罔（用いない。）

狭　隘（用いない。）

饗　応（用いない。「供応」を用いる。）

驚　愕（用いない。）

魚　艙（用いない。「魚倉」を用いる。）

紀　律（特別な理由がある場合以外は用いない。「規律」を用いる。）

空気槽（用いない。「空気タンク」を用いる。）

具　有（用いない。）

繋　船（用いない。「係船」を用いる。）
繋　属（用いない。「係属」を用いる。）
計　理（用いない。「経理」を用いる。）
繋　留（用いない。「係留」を用いる。）
懈　怠（用いない。）
牽　連（用いない。「関連」を用いる。）
溝　渠（特別な理由がある場合以外は用いない。）
交叉点（用いない。「交差点」を用いる。）
更　代（用いない。「交代」を用いる。）
弘　報（用いない。「広報」を用いる。）
骨　牌（用いない。「かるた類」を用いる。）
戸　扉（用いない。）
誤　謬（用いない。）
詐　偽（用いない。「偽り」を用いる。）
鑿　井（用いない。）
作　製・作　成（「作製」は製作（物品を作ること）という意味についてのみ用いる。それ以外の場合は「作成」を用いる。）
左　の（「次の」という意味では用いない。）
鎖　鑰（用いない。）
撒水管（用いない。「散水管」を用いる。）
旨　趣（用いない。「趣旨」を用いる。）
枝　条（用いない。）
首　魁（用いない。「首謀者」を用いる。）
酒　精（用いない。「アルコール」を用いる。）
鬚　髯（用いない。）
醇　化（用いない。「純化」を用いる。）
竣　功（特別な理由がある場合以外は用いない。「完成」を用いる。）
傷　痍（用いない。）
焼　燬（用いない。）
銷　却（用いない。「消却」を用いる。）
情　況（特別な理由がある場合以外は用いない。「状況」を用いる。）
檣　頭（用いない。「マストトップ」を用いる。）
証　標（用いない。）
証　憑・憑　拠（用いない。「証拠」を用いる。）
牆　壁（用いない。）

塵　埃（用いない。）
塵　芥（用いない。）
侵　蝕（用いない。「侵食」を用いる。）
成　規（用いない。）
窃　用（用いない。「盗用」を用いる。）
船　渠（用いない。「ドック」を用いる。）
洗　滌（用いない。「洗浄」を用いる。）
僣　窃（用いない。）
総　轄（用いない。「総括」を用いる。）
齟　齬（用いない。）
疏　明（用いない。「疎明」を用いる。）
稠　密（用いない。）
通　事（用いない。「通訳人」を用いる。）
定繋港（用いない。「定係港」を用いる。）
呈　示（用いない。「提示」を用いる。）
停　年（用いない。「定年」を用いる。）
捺　印（用いない。「押印」を用いる。）
売　淫（用いない。「売春」を用いる。）
配　付・配　布（「配付」は交付税及び譲与税配付金特別会計のような特別な場合についてのみ用いる。それ以外の場合は「配布」を用いる。）
蕃　殖（用いない。「繁殖」を用いる。）
版　図（用いない。）
誹　毀（用いない。）
彼　此（用いない。）
標　示（特別な理由がある場合以外は用いない。「表示」を用いる。）
紊　乱（用いない。）
編　綴（用いない。）
房　室（用いない。）
膨　脹（用いない。「膨張」を用いる。）
法　例（用いない。）
輔　助（用いない。「補助」を用いる。）
満限に達する（特別な理由がある場合以外は用いない。「満了する」を用いる。）
宥　恕（用いない。）

輸　贏（用いない。）
踰　越（用いない。）
油　槽（用いない。「油タンク」を用いる。）
落　磐（用いない。「落盤」を用いる。）
臨　検・立入検査（「臨検」は犯則事件の調査の場合についてのみ用いる。それ以外の場合は「立入検査」を用いる。）
鄰　佑（用いない。）
狼　狽（用いない。）
和　諧（用いない。「和解」を用いる。）

2　送り仮名の付け方について

(1)　単独の語

ア　活用のある語は，「送り仮名の付け方」（昭和48年内閣告示第2号の「送り仮名の付け方」をいう。以下同じ。）の本文の通則1の「本則」・「例外」及び通則2の「本則」の送り仮名の付け方による。

イ　活用のない語は，「送り仮名の付け方」の本文の通則3から通則5までの「本則」・「例外」の送り仮名の付け方による。

［備考］　表に記入したり記号的に用いたりする場合には，次の例に示すように，原則として，（　　）の中の送り仮名を省く。

【例】

晴（れ）　曇（り）　問（い）　答（え）　終（わり）
生（まれ）

(2)　複合の語

ア　イに該当する語を除き，原則として，「送り仮名の付け方」の本文の通則6の「本則」の送り仮名の付け方による。ただし，活用のない語で読み間違えるおそれのない語については，「送り仮名の付け方」の本文の通則6の「許容」の送り仮名の付け方により，次の例に示すように送り仮名を省く。

【例】

明渡し　預り金　言渡し　入替え　植付け　魚釣用具
受入れ　受皿　受持ち　受渡し　渦巻　打合せ
打合せ会　打切り　内払　移替え　埋立て　売上げ
売惜しみ　売出し　売場　売払い　売渡し　売行き
縁組　追越し　置場　贈物　帯留　折詰　買上げ
買入れ　買受け　買換え　買占め　買取り　買戻し

買物　書換え　格付　掛金　貸切り　貸金　貸越し
貸倒れ　貸出し　貸付け　借入れ　借受け　借換え
刈取り　缶切　期限付　切上げ　切替え　切下げ
切捨て　切土　切取り　切離し　靴下留　組合せ
組入れ　組替え　組立て　くみ取便所　繰上げ
繰入れ　繰替え　繰越し　繰下げ　繰延べ　繰戻し
差押え　差止め　差引き　差戻し　砂糖漬　下請
締切り　条件付　仕分　据置き　据付け　捨場
座込み　栓抜　備置き　備付け　染物　田植
立会い　立入り　立替え　立札　月掛　付添い
月払　積卸し　積替え　積込み　積出し　積立て
積付け　釣合い　釣鐘　釣銭　釣針　手続　問合せ
届出　取上げ　取扱い　取卸し　取替え　取決め
取崩し　取消し　取壊し　取下げ　取締り　取調べ
取立て　取次ぎ　取付け　取戻し　投売り　抜取り
飲物　乗換え　乗組み　話合い　払込み　払下げ
払出し　払戻し　払渡し　払渡済み　貼付け　引上げ
引揚げ　引受け　引起し　引換え　引込み　引下げ
引締め　引継ぎ　引取り　引渡し　日雇　歩留り
船着場　不払　賦払　振出し　前払　巻付け
巻取り　見合せ　見積り　見習　未払　申合せ
申合せ事項　申入れ　申込み　申立て　申出　持家
持込み　持分　元請　戻入れ　催物　盛土　焼付け
雇入れ　雇主　譲受け　譲渡し　呼出し　読替え
割当て　割増し　割戻し

イ　活用のない語で慣用が固定していると認められる次の例に示すような語については,「送り仮名の付け方」の本文の通則7により，送り仮名を付けない。

【例】

合図　合服　合間　預入金　編上靴　植木
（進退）伺　浮袋　浮世絵　受入額　受入先
受入年月日　請負　受付　受付係　受取　受取人
受払金　打切補償　埋立区域　埋立事業　埋立地
裏書　売上（高）　売掛金　売出発行　売手　売主
売値　売渡価格　売渡先　絵巻物　襟巻　沖合

置物　奥書　奥付　押売　押出機　覚書
（博多）織　折返線　織元　織物　卸売　買上品
買受人　買掛金　外貨建債権　概算払　買手　買主
買値　書付　書留　過誤払　貸方　貸越金　貸室
貸席　貸倒引当金　貸出金　貸出票　貸付（金）
貸主　貸船　貸本　貸間　貸家　箇条書　貸渡業
肩書　借入（金）　借受人　借方　借越金　刈取機
借主　仮渡金　缶詰　気付　切手　切符
切替組合員　切替日　くじ引　組合　組入金　組立工
倉敷料　繰上償還　繰入金　繰入限度額　繰入率
繰替金　繰越（金）　繰延資産　消印　月賦払
現金払　小売　小売（商）　小切手　木立　小包
子守　献立　先取特権　作付面積　挿絵
差押（命令）　座敷　指図　差出人　差引勘定
差引簿　刺身　試合　仕上機械　仕上工　仕入価格
仕掛花火　仕掛品　敷網　敷居　敷石　敷金　敷地
敷布　敷物　軸受　下請工事　仕出屋　仕立券
仕立物　仕立屋　質入証券　支払　支払元受高　字引
仕向地　事務取扱　事務引継　締切日　所得割
新株買付契約書　据置（期間）　（支出）済（額）　関取
備付品　（型絵）染　ただし書　立会演説　立会人
立入検査　立場　竜巻　立替金　立替払　建具
建坪　建値　建前　建物　棚卸資産
（条件）付（採用）　月掛貯金　付添人　漬物
積卸施設　積出地　積立（金）　積荷　詰所　釣堀
手当　出入口　出来高払　手付金　手引　手引書
手回品　手持品　灯台守　頭取　（欠席）届
留置電報　取扱（所）　取扱（注意）　取入口　取替品
取組　取消処分　（麻薬）取締法　取締役　取立金
取立訴訟　取次（店）　取付工事　取引　取引（所）
取戻請求権　問屋　仲買　仲立業　投売品　並木
縄張　荷扱場　荷受人　荷造機　荷造費　（春慶）塗
（休暇）願　乗合船　乗合旅客　乗換（駅）
乗組（員）　場合　羽織　履物　葉巻　払込（金）
払下品　払出金　払戻金　払戻証書　払渡金

払渡郵便局　番組　番付　控室　引当金
引受（時刻）　引受（人）　引換（券）　（代金）引換
引継事業　引継調書　引取経費　引取税　引渡（人）
日付　引込線　瓶詰　歩合　封切館　福引（券）
船積貨物　踏切　振替　振込金　振出（人）
不渡手形　分割払　（鎌倉）彫　掘抜井戸　前受金
前貸金　巻上機　巻紙　巻尺　巻物　待合（室）
見返物資　見込額　見込数量　見込納付　水張検査
水引　見積（書）　見取図　見習工　未払勘定
未払年金　見舞品　名義書換　申込（書）　申立人
持込禁止　元売業者　物置　物語　物干場
（備前）焼　役割　屋敷　雇入契約　雇止手当　夕立
譲受人　湯沸器　呼出符号　読替規定　陸揚地
陸揚量　両替　割合　割当額　割高　割引　割増金
割戻金　割安

［備考1］　下線を付けた語は，「送り仮名の付け方」の本文の通則7において例示された語である。

［備考2］　「売上（高）」，「（博多）織」などのようにして掲げたものは，（　）の中を他の漢字で置き換えた場合にも，「送り仮名の付け方」の本文の通則7を適用する。

(3)　付表の語

「送り仮名の付け方」の本文の付表の語（1のなお書きを除く。）の送り仮名の付け方による。

3　その他

(1)　1及び2は，固有名詞を対象とするものではない。

(2)　1及び2については，これらを専門用語及び特殊用語に適用するに当たって，必要と認める場合は，特別の考慮を加える余地があるものとする。

附　則

1　この決定は，平成22年11月30日から施行する。

2　この決定は，法律については次回国会（常会）に提出するものから，政令については平成23年1月1日以後最初の閣議に提出するものから，それぞれ適用する。

3　新たな法律又は政令を起案する場合のほか，既存の法律又は政令の改正について起案する場合（文語体の法律又は勅令を文体を変えないで改正する場合を除く。）にも，この決定を適用する。なお，この決定を適用した結果，改正されない部分に用いられている語の表記と改正される部分に用いられるこれと同一の内容を表す語の表記とが異なることとなっても，差し支えない。

4　署名の閣議に提出される条約については平成23年1月1日以後最初の閣議に提出されるものから，国会に提出される条約（平成23年1月1日以後最初の閣議より前に署名の閣議に提出された条約であって日本語が正文であるものを除く。）については次回国会（常会）に提出するものから，それぞれこの決定を適用する。なお，条約の改正についても，この決定を適用した結果，改正されない部分に用いられている語の表記と改正される部分に用いられるこれと同一の内容を表す語の表記とが異なることとなっても，差し支えない。

【注記】

平成22年11月30日付け内閣法制局長官決定をもって「法令における漢字使用等について」が定められたことに伴い，従前の昭和29年11月25日付け法制局総発第89号の「法令用語改善の実施要領」（同実施要領の別紙「法令用語改正要領」を含む。）及び昭和56年10月1日付け内閣法制局総発第141号の「法令における漢字使用等について」は，平成22年11月30日付けで廃止されました。

<著者略歴>

八木欣之介（やぎきんのすけ）

昭和14年　大阪市生まれ
昭和37年３月　京都大学法学部卒
昭和37年４月　自治省採用
自治省行政局行政課・国土庁地方振興局特別地域振興課・消防庁総務課・自治大臣官房企画室、香川県・鹿児島県・高知県、日本下水道事業団等に勤務
昭和54年５月　内閣法制局第三部参事官
昭和61年５月　自治大学校副校長
昭和62年４月　東京理科大学理工学部教授
平成３年４月　慶應義塾大学総合政策学部教授
平成17年４月　慶應義塾大学名誉教授（現在に至る）
平成18年４月　帝京大学法学部教授（平成22年３月退職）

令和４年公表
「公用文作成の考え方」のポイントと文例

令和４年７月27日　初版一刷発行
令和５年１月18日　　　三刷発行
定価3,080円（本体2,800円）

著　者　八　木　欣　之　介

発行者　新日本法規出版株式会社
代表者　星　　謙　一　郎

発行所　新日本法規出版株式会社

本社 総轄本部　(460-8455)　名古屋市中区栄１－23－20
東京本社　(162-8407)　東京都新宿区市谷砂土原町2－6
支社　札幌・仙台・東京・関東・名古屋・大阪・広島 高松・福岡
ホームページ　https://www.sn-hoki.co.jp/

【お問い合わせ窓口】
新日本法規出版コンタクトセンター
0120-089-339（通話無料）
●受付時間／９：00～16：30（土日・祝日を除く）

ISBN978-4-7882-9063-1
5100229　令和４公用文